“十四五”高等职业教育城市轨道交通运营管理专业系列教材

编审委员会

“十四五”高等职业教育城市轨道交通运营管理专业系列教材

城市轨道交通运营筹备

刘 奇 田威毅◎主编
贾栓航◎主审

CHENGSHI GUIDAO JIAOTONG YUNYING CHOUBEI

中国铁道出版社有限公司
CHINA RAILWAY PUBLISHING HOUSE CO., LTD.

内 容 简 介

本书根据教育部高等职业教育城市轨道交通运营管理专业教学标准，结合《城市轨道交通初期运营前安全评估技术规范》相关要求编写。本书包括运营筹备概述、运营筹备实施、新线调试与验收、运营接管、开通试运营等内容，注重理论联系实际，可弥补当前运营管理专业技术岗位所需的运营筹备相关知识技能缺口。

本书适合作为高等职业教育城市轨道交通运营管理专业教材，也可作为城市轨道交通运营专业人员快速适应新线筹备工作的参考书。

图书在版编目(CIP)数据

城市轨道交通运营筹备 / 刘奇, 田威毅主编. -- 北京 : 中国铁道出版社有限公司, 2025. 2. -- ("十四五"高等职业教育城市轨道交通运营管理专业系列教材). -- ISBN 978-7-113-30873-5

Ⅰ. U239.5

中国国家版本馆 CIP 数据核字第 2024WF4641 号

书　　名：城市轨道交通运营筹备
作　　者：刘　奇　田威毅

策　　划：李中宝　　　　　　　**编辑部电话：**(010)83527746
责任编辑：李中宝　徐盼欣
封面设计：刘　颖
责任校对：安海燕
责任印制：赵星辰

出版发行：中国铁道出版社有限公司(100054,北京市西城区右安门西街8号)
网　　址：https://www.tdpress.com/51eds
印　　刷：北京联兴盛业印刷股份有限公司
版　　次：2025年2月第1版　2025年2月第1次印刷
开　　本：787 mm×1 092 mm　1/16　**印张：**6　**字数：**142千
书　　号：ISBN 978-7-113-30873-5
定　　价：30.00元

前言

随着《交通强国建设纲要》《“十四五”现代综合交通运输体系发展规划》等相关政策、规划相继出台，我国城市轨道交通建设步入高质量发展阶段，已成为解决城市交通拥堵和土地资源紧缺、缓解能源紧张等问题所优先发展的交通运输方式。中国城市轨道交通协会信息显示，截至2023年底，我国共有59个城市开通城市轨道交通线路，运营线路总长度超过11 000 km。

对于城市轨道交通运营企业来说，建设和运营两个阶段并不是完全割裂的，必须保障两个环节的无缝衔接，实现平稳过渡。从土建施工和设备安装开始，运营单位就需要提前介入开展运营筹备工作，运营专业人员通过筹备工作提前熟悉和掌握各设备设施系统，构建适应新线设备特性的运营管理体系及运营管理技术队伍，为新线顺利开通和后期日常稳定运营奠定基础。

城市轨道交通运营管理专业的培养目标是培养能够适应城市轨道交通运营管理生产、管理一线的高素质技术技能人才。本书弥补了当前运营管理专业课程体系开通运营前的筹备工作环节缺口，补充了筹备阶段运营岗位所需的知识和技能内容。旨在培养学生熟悉城市轨道交通规划、工程可行性研究、设计、施工、验收、运营等全阶段工作流程，掌握联调联试、试运行、三权移交、各类验收等筹备期车站运营岗位所需工作内容，了解运营筹备期间人、财、物、技术等资源准备的工作要求和标准。同时，本书对于运营专业人员快速适应新线筹备工作，指导筹备期间各阶段工作也有一定的参考价值。

本书纵向覆盖运营筹备全过程全环节，根据专业有所侧重地提出相关部门的工作内容，并加入最新的全自动运行系统线路的筹备工作内容，有助于运营专业人员全面了解运营筹备各阶段工作内容及相关部门工作关系。全书包括运营筹备概述、运营筹备实施、新线调试与验收、运营接管、开通试运营等内容。

本书由西安铁路职业技术学院刘奇和西安中铁轨道交通有限公司田威毅任主编，西安铁路职业技术学院张军、西安中咨轨道交通工程有限公司王鹏耀、西安铁路职业技术学院杜菲参与编写。具体编写分工如下：田威毅编写第1章的1.1、1.2节，张军编写第1章的1.3节和第2章,刘奇编写第3章,王鹏耀编写第4章,杜菲编写第5章。

西安市轨道交通集团新线管理中心贾栓航为本书做了审阅工作,提出了中肯的修改意见和建议,在此表示深深感谢。

鉴于编者水平有限,书中疏漏和不妥之处在所难免,恳请广大读者提出宝贵意见。

编　者

2024年11月

目录

第1章 运营筹备概述

学习目标

1. 了解城市轨道交通企业运营筹备工作的基本情况；
2. 掌握城市轨道交通运营筹备的概念；
3. 了解城市轨道交通企业运营管理目标和特点；
4. 掌握城市轨道交通企业运营模式对筹备的影响；
5. 掌握新线运营筹备工作的工作内容及环节；
6. 掌握运营筹备工作规划与安排；
7. 了解全自动运行线路运营筹备工作特点。

城市轨道交通运营管理是多目标多层次的综合性组织管理。要保证地铁开通后为乘客提供安全、可靠、优质的运营服务，既需要有一个高效、团结、务实、专业的工作团队进行精心筹划和实施，也需要企业领导的大力支持和其他部门的全力配合。本章主要介绍城市轨道交通运营筹备的概念及基本内容、城市轨道交通企业运营模式对筹备工作的影响、运营筹备工作规划与安排等。通过学习，了解城轨企业运营筹备的基本情况，熟悉运营筹备的特点，掌握运营筹备阶段的划分及筹备工作的工作内容及环节，培养学生奋发进取的精神、全局思考、分析和解决问题的“大局”观念。

1.1 城市轨道交通企业运营筹备

城市轨道交通是城市公共交通的骨干，具有节能、省地、运量大、全天候、无污染(或少污染)又安全等特点，属绿色环保交通体系。近年来，我国城市轨道交通快速发展，在满足人民群众出行需求、优化城市结构布局、缓解城市交通拥堵、促进经济社会发展等方面发挥了越来越重要的作用。

城市轨道交通新线建设期间，从土建施工和设备安装开始，为保障新线顺利开通和后期日常稳定运营，运营单位需要贯彻“运营前置”理念，提前介入开展运营筹备工作，运营岗位人员通过筹备工作提前熟悉和掌握各设备设施系统。新线运营筹备是开通运营的基础，通过运营筹备，运营单位筹备所需的人、财、物、规章、技术等资源，并与建设单位共同开展综合联调、演练、试运行和开通试运营等各阶段筹备工作，确保新线运营筹备工作规范性、科学性和有效性，才能保障新建线路顺利开通试运营。

我国各大城市为了加快地铁开通,积极推进建设进度,随之而来对于新线运营筹备工作提出了更高的要求,科学高效地开展运营筹备工作是新线顺利开通试运营的前提条件。

1.1.1　运营筹备的概念

顾名思义,新线运营筹备就是为新建轨道交通线路的安全可靠投入商业运营进行筹划准备。从时间划分来看,运营筹备指建设阶段至新线开通试运营期间这一阶段,其目的是确保新线顺利开通试运营,一般情况筹备时间为1～2年,可根据新线筹备的难度适当增减筹备时间。

由城市轨道交通运营管理的特点可知,要保证新线顺利投入运营,原则上必须具备两个基本条件:一是要有性能良好、设计合理、施工完善的轨道交通设备设施,为运营奠定坚实的物质基础;二是要有人、财、物、技术等资源齐备的管理集体,为顺利开通和持续安全、优质运营服务提供组织技术保障。因为只有设备正常、可靠地运转起来,运营单位才有可能利用它去服务乘客,也只有经济、安全、高效、优质的运营服务,城市轨道交通才能持续、健康、稳定地发展。

城市轨道交通作为一个长期运营的系统,建设阶段的结束只能说明该系统初期建设基本完成,但要真正服务于乘客,尚需运营企业进一步对该系统开发、加工和应用,使系统运营功能与乘客需求相匹配。在此期间需要完成以下主要筹备事宜:

(1)要严格履行验收者的职责,保证按期从建设单位手中接收到质量良好、性能可靠的城市轨道交通运营系统。

(2)要合理地找到城市轨道交通初期规划的设计标准和乘客需求的平衡点,还需要通过各种途径提前介入,及时、可靠地获取建设信息并按验收标准和接管条件进行验收、接管。

(3)要为产品运营期的深加工、应用进行人力、物力、资金和技术等资源准备。

(4)要为科学、经济、合理地调用这些资源服务于乘客而进行组织架构和管理体系的设计。

(5)要为安全、可靠地组织运营去研究、开发运营管理技术和提前进行实战演练,即综合联调演练。

(6)要为开通后试运营提供安全、可靠、优质的服务管理。

(7)要配合政府和建设单位筹备工程竣工验收。

(8)要为运营利益分配去协调处理政府、投资、建设、能源供应、公交接驳管理单位的工作接口等。

1.1.2　城市轨道交通企业运营管理目标和特点

城市轨道交通运营管理是多专业多工种的复合型技术管理。从技术层面分析,它集中了车辆、轨道、信号、供电、通信、自动售检票、环控、低压照明、消防、屏蔽门、自动扶梯、给排水等10多个系统20多个专业,这些在设计、施工阶段还是以独立个性存在的系统,一旦投入运营,就相互依托构联为一个大的联动机,其任何一个环节出错都会不同程度地影响到城市轨道交通的正常运营,严重的甚至造成停运。因此,要实现安全、快捷、准点、舒适的运营目标,不仅要有设计合理、施工完善的系统设备设施作基础,同时要采用一套科学、严谨、实用、高效的运营技术去应用、维护它,以保证正常情况下,各系统能按照调度员设定的列车运行图及供电和环控模式下可靠运行,非正常情况下,运营管理人员通过预先设计的各类应急处理原则和操作流程以最快的速度人工干预运营异常,以维持城市轨道交通的正常运营。

城市轨道交通运营管理是多目标多层次的综合性组织管理。

从运营目标来分析，它有运营成本控制目标、日均客流量目标、安全管理目标、客运服务质量目标、劳动生产率目标以及科研技改目标等。

从运输管理层次分析，它采用中央调度集中为主的三级控制原则（如果设有线网调度中心则分四级）。第一级中央控制，由运行控制中心（operation control center，OCC）对全线日常行车、电力、环控、客运和维修作业进行全面、直接的监控和指挥；第二级车站控制，作为控制中心的辅助，按照统一的站务服务标准，负责日常车站服务、客运组织和售检票等，在突发事件时，由运行控制中心下达指令，特殊情况下也可临时作为主要监控指挥点进行应急处理；第三级现场控制，也是具体的操作和执行控制，可按地理区域或系统进行监视控制。

从运营组织结构分析，包括行车组织、客运组织、票务组织、乘务组织、车辆组织、维修组织、安全保卫组织、技术组织、营销组织以及后勤服务（人、财、物）组织等。众多的管理组织构成了一个庞大、复杂的运营管理体系。

1.1.3 运营筹备的阶段划分

运营筹备工作复杂繁重，需要筹备工作团队长达3～5年的准备和1～2年的实施才可能完成。这个团队就是运营筹备组织，团队到了运营筹备的后期该组织逐步过渡到试运营管理组织，确保新线顺利开通运营。运营筹备具体包含两个阶段三大块内容。两个阶段指的是“三权”（调度指挥权、属地管理权、设备设施使用权）接管前和“三权”接管后；三大块内容包括“三权”接管前的外部工程建设筹备，内部运营管理组织架构、管理体系及试运营所需人、财、物、技术等资源筹备，以及“三权”接管后的联调演练、开通试运营管理。

1. 第一阶段（“三权”接管前）

“三权”接管前要配合工程建设工作和筹备运营管理资源和管理体系。涉及的任务和工作程序如下：

（1）确立运营筹备总体战略决策，即根据所筹备新线的投融资模式、建设运营衔接模式、运营管理模式，确立运营筹备的总体目标工作基本原则以及运营筹备人员介入工程建设的深度和参与形式。

（2）在总体战略的指导下，筹建运营筹备处或运营筹备项目部，开始正式启动运营筹备工作。

（3）以运营筹备处或运营筹备项目部为单位，根据开通运营目标要求和工程建设工期，全面、系统地策划和编制运营筹备计划，落实计划执行的责任主体。

（4）按照计划，有目的、有组织、有步骤地以不同的形式直接或间接地参与工程建设的设计审查、用户需求书编制、设备监造、验收标准审查以及施工过程的协查、跟踪验收工作。

（5）按照计划，有组织地开展运营组织架构，薪酬体系，规章制度管理体系，行车、客运、票务、维修、安全等组织模式的专题工作。

（6）按照计划，提前组织编制“三权”接管方案、综合联调演练方案、开通试运营组织方案。

（7）按照计划，有步骤、有批次地开展人、财、物、技术保障、安全保卫等资源筹备、单位工程验收和“三权”接管。

2. 第二阶段（“三权”接管后）

“三权”接管后至竣工验收前，要开展综合联调演练和组织新线开通试运营管理。经过第一阶段的筹备，到“三权”接管时，新线开通试运营所需的人、财、物、技术等资源已基本筹备到位,试运营管理的组织架构和管理体系经过一段过渡期(为保证筹备期设计的试运营组织架构在"三权"接管后能正常运转起来,通常在新线开通前1年,原有的筹备组织就要逐步过渡到试运营组织,对于首次筹备城市轨道交通试运营的单位,该时间还应视情况适当提前1~2年)磨合调整也基本成型,新线的调度指挥权、属地管理权、设备设施使用权也由建设单位移交给运营单位,此时的运营筹备已由紧张的筹备期过渡到试运营期,开始了由综合联调演练到正式试运营的组织管理工作,其主要任务包括:

(1)按照综合联调演练的方案和实施计划,组织开展各项综合联调和演练,并对存在的问题进行跟踪整改。

(2)委托专业评估机构对即将开通的线路进行开通前评估,明确是否具备开通条件。

(3)组织新线开通试运营管理。

(4)配合建设单位开展国家竣工验收,提交试运营总结报告。

1.1.4 全自动运行线路的运营筹备

随着我国城市轨道交通快速发展,北京、上海等城市日均客流已超千万,运营负荷巨大,安全运行面临严峻挑战。而之前我国城市轨道交通列车驾驶和调度管控仍处于半自动化水平,人为故障和人为因素已成为提升安全效率的瓶颈,采用全自动运行技术是有效解决途径和国际发展方向。全自动运行系统(fully automatic operation,FAO)对进一步提高轨道交通运营安全、行车效率以及降低运营成本,提高轨道交通装备自动化、智能化水平意义重大。

目前,国内各城市轨道交通正在不同程度地建设自动运行线路,行业正在经历全自动运营管理从无到有的重要历史阶段。运营筹备同样要在新技术的驱动下进行适配和管理创新,这就需要运营单位要将筹备工作前置研究,通过全面掌握FAO的应用情况,分析其功能特点,在筹备期及时、准确提出运营对于系统功能、终端配置、全生命周期维护等方面的需求,通过科学的筹备体系使系统配置与运营管理契合度高且具备一定调整的包容性,运营筹备阶段及时制定与FAO相适应的运作模式和文本体系,为全自动运行、高质量运营接管、高水平开通运营做好充分的准备。全自动运行线路的运营筹备工作贯穿需求、设计、系统调试与场景验证、工程验收、试运行、初期运营前安全评估等全过程。

(1)面临的行业环境比较复杂,要建立系统思维。

每个城市的建设需求、运营需求、系统需求、乘客需求各不相同,每条线路也有各自的特点,因此全自动运行线路的建设难以直接照搬某条线路的模式。建设全自动运行线路,要综合考虑全自动线路快速发展、智能化技术的发展、维护要求提升、运营效率提升、乘客体验需求提升等综合因素。

全自动运行融合度高,必须从大系统全局构建,对全部功能场景整体贯穿把握,领会系统的设计初衷、功能规格、技术指标、接口关系和联动场景的总体架构,以便后续从各板块细致分解各功能。系统思维必须打破传统以专业自我一体的格局。信号作为整体牵头专业,应配备总体工程师,协调各分系统、子模块、接口专业的技术配合和应用落地;车辆、机电、供电、通信及综合监控等相关专业,不能孤立地认为FAO属于信号专业职责而出现技术缺位,应按照"大一统"的理念实现包括运营单位、建设单位、各专业供货商的主动协作。

(2)全自动运行系统增加的具体功能内容、功能分配、接口交互是全自动运行系统建设和设计过程中的重难点。

全自动运行系统以高度的自动化和智能化为关键目标。为实现这些目标需要各专业间的深度融合、各系统间的交互联动、组织结构间的协调配合,并需同步制定相应的运维规范。与传统线路相比,全自动线路核心专业系统间的信息交互更多,各专业系统之间的联动更加密切,各专业统筹及功能的衔接非常复杂。全自动运行系统是由多专业协作完成的,各核心专业有各自的需求和实现方式,如果各自为政,最后的质量和效果难以把控。

(3)对传统模式形成的管理模式提出的新要求是重难点。

全自动运行系统和接口等设计模式的不同,需要在一定程度上对行业已经形成的固有的运营管理模式进行调整和改进,且要求更高。全自动运行系统中传统司机的工作职能一部分由列车自动控制系统负责,另一部分则将移交到控制中心调度去完成。传统的司机、控制中心调度员和车站值班员共同参与控制的运营控制模式,转变为以控制中心调度员直接面向运行的运营控制模式。

(4)自动化程度的提升,也意味着对设备的依赖性更高,如何保证全自动运行系统在设备系统层面的安全是重难点。

全自动运行线要统筹考虑要求更高的冗余方案,安全完整性等级(safety integrity level,SIL)认证,可靠性、可用性、可维修性和安全性(reliability,availability,maintainability,safety,RAMS)独立评估,设备监测等,对系统的设计、设备的制造、安装及调试等都提出了更高的要求。例如,冗余方案不仅要考虑关键系统设备的冗余,还要考虑运营指挥的冗余。

(5)如何对在全自动运行中的列车进行全过程的安全防护是重难点。

通常情况下需要从列车运行防护、人员安全防护、突发应急处置等层面来考虑,这些防护要求有些是从系统、设备层面能独立解决的,有些则需要系统结合运营规则、运营管理手段来实现。

(6)线路的适应性设计、建设是重难点。

全自动运行线路需要在设计阶段就要统筹实现正线、配线、车站设备区、轨行区、区间风井设备区、区间疏散平台、车站多职能人员房间、司机登乘通道、洗车线、牵出线、列检库等区域的适应性设计和建设,确保建设结果符合最高等级运行需要。

(7)全自动运行的目标与定位的实现是重难点。

要实现全自动运行的关键目标,需要通过系统工程方法和结构化设计,采用基于场景的联动模式和业务集中的技术手段,进行功能整合和数据整合,将土建条件、场段工艺、主备控制中心、核心系统等要素进行综合考量设计和集成管理,才能达到全自动线路的预定目标。

(8)锻炼符合全自动特点的管理和技术团队是重难点。

全自动运行线路的筹备除了提前明晰系统需求、建立完善的、契合全自动运行系统特点的、人员响应高效的运营管理模式外,还需要具有相应能力和水平的运营管理团队。这就需要在筹备之初稳固研究团队,培育全自动运行研究骨干,这批研究骨干后续延伸介入系统建设和负责运营筹备工作,可进一步起到事半功倍的效果,在具备较强的理论认知前提下,提出的功能需求质量较高。

1.2　城市轨道交通企业经营管理模式对筹备的影响

不同的城市轨道交通企业经营管理模式导致的运营筹备责任主体,工作目标都不同。在建设期间，运营模式的不同对于运营部门来说，需要根据后期运营期间的企业运营模式来确定运营筹备工作的目标和方案。

我国各大城市为了加快地铁开通，积极推进建设进度，对于新线运营筹备工作提出了更高的要求，科学高效地开展运营筹备工作是新线顺利开通试运营的前提条件。

1.2.1　城市轨道交通建设环节影响筹备因素

城市轨道交通系统主要建设提供环节包括城市轨道交通项目的勘测、规划、设计、基础设施的建设和运营管理等。对于运营筹备的组织者来说，城市轨道交通系统提供链上各环节组合的不同，其筹备工作的目标、范围也相应不同，并影响到运营筹备的工作量、组织方式等各种因素。

城市轨道交通系统提供链各主要的环节具有不同的经济属性，有的环节公共性、公益性更强一点，如勘测、设计、基础设施建设，有的环节竞争性、经营性更强一点，如设备维修、维护、运营管理等，因此可以有多元化的经营管理模式存在。这种多元化的趋势，在其他准公共产品行业已经经历了多年的探索，如天然气、电力、电信和铁路等行业。传统公共服务行业上都是投资、建设、营运纵向一体化模式，由政府一个主体来完成。近年来出现了许多其他公共服务行业提供模式，政府不一定要成为投资者，也并不一定要让投资者成为运营商。政府既可采取传统的生产方式负责准公共产品的生产经营和管理，也可作为公共产品供给的最终负责人，将市场机制引入准公共产品提供的管理中，将中间的环节分配给非政府的组织去完成。

1.2.2　城市轨道交通企业经营管理模式

结合世界城市轨道交通主流提供方式，按照对运营筹备工作主体、内容、范围和周期产生影响的城市轨道交通产品提供模式，即城市轨道交通经营模式可以分为建设、运营一体化模式和建设、运营分立两种主要模式。

1. 建设、运营一体化模式

建设、运营一体化模式是指城市轨道交通产品提供所有环节由一个主体主导，该主体作为政府的代理人，负责城市轨道交通从设计建设到运营的整个过程。

建设、运营一体化模式的代表是广州地铁。

广州地铁由广州市政府全额投资兴建和经营，由广州市政府全资的大型国有企业广州市地下铁道总公司担负着广州城市轨道交通系统的建设及运营管理。

广州市地下铁道总公司负责地铁项目的建设及运营，具体负责地铁各条线路的规划、设计、拆迁、建设、运营和附属资源开发。政府直接以行政管理的方式管理从建设到运营的各个环节，通过市发改委、财政、建委、规划等相关职能部门，参与地铁建设和运营的管理，如政府通过财政对地铁运营提供一定数额的财政补贴，补贴数额每年调整，并通过价格听证会制度确定地铁票价，进行价格管制。

广州地铁的一体化模式是建设、运营、资源开发纵向一体化，能充分发挥资源的协同效应。借助一体化经营，广州地铁实现了对三方面资源的整合：

(1)行业资源整合。通过在建设方面提供施工配合、在运营方面提供票务支持、在开发方面提供配套服务等方式，引导与地铁利益相关的行业和各类社会力量、社会资源参与地铁上综合发展社区的联合开发。

(2)社会资源整合。灵活应用地铁独特的票务资源,对相关的体育、教育、医疗、旅游、文化、信息、商业等各类资源进行整合和嫁接,从而构成地铁上建物业的复合房地产概念,实现资源开发的最大经营效益。

(3)内部资源整合。借助地铁公司的核心资源——交通引领能力,对公司内部的规划、设计、建设、客运、广告、商贸、通信、物管等各种资源进行整合,形成独特的差异化竞争优势。

2. 建设、运营分立模式

建设、运营分立模式是指城市轨道交通产品和服务提供的全过程筹备由多个主体各负其责,分工参与提供城市轨道交通产品和服务提供的全过程。建设、运营分立模式的代表是新加坡地铁和上海地铁。

(1)新加坡地铁模式。

新加坡地铁又称大众捷运系统,始建于1987年。新加坡政府通过国土运输局负责车站和轨道等基础设施的建设、维护和投资,并承担建设费用,因此国土运输局是轨道交通基础设施的建设者和所有者,其投入资金完全来自财政支出。它同时还是地铁相关规定的制定者,制定运营水平和规则,以此保证轨道交通的公共福利性质,确保地铁资产的维修效果和水平。私人部门通过租借合同取得使用基础设施的权利,并获得地铁线路的特许经营权。私人部门负责投资车辆、信号等经营性资产,并经营列车和轨道,拥有、维护、升级和扩建所经营资产,组织地铁运营。私人部门在特许经营期内向政府支付使用基础设施的名义租金。特许经营期过后,将运营资产移交给政府。

负责地铁运营的公司完全民营化,在运营期内地铁公司自力更生,在市场竞争中谋求发展。政府引导制定地铁票价,并不给予地铁公司任何财政补贴,但负责为企业配备优秀的经营人才,营造必要的市场环境,同时建立相应的政策法规,加强监督和安全管理。为确保政府巨额投资和公众的利益能够得到保障,新加坡国会还专门通过了一项新法案,授予管理当局更大的权力去管制地铁和轻轨列车的经营者。法案规定,地铁和轻轨列车经营者的服务若达不到标准要求,将被罚款高达100万新加坡元(1新加坡元≈5.4元),在严重的情况下,当局也有权力吊销经营者的执照。

(2)上海地铁模式。

上海地铁是典型的官办民营的模式。上海地铁从1999年开始采取一套全新的商业化模式,其主要原则是将项目的投资、建设、运营和管理职能分配给不同的主体,就此组建上海申通集团有限公司(轨道交通投资公司)、上海地铁建设有限公司和两家运营公司(上海地铁运营有限公司和上海现代轻轨经营发展股份有限公司)。

上海市政府从单一项目中逐渐淡出,除以定额补贴的方式向投资公司注入资金外,只对轨道交通网络的规划、建设及运营方式提供宏观指导性意见,履行轨道交通宏观监管责任。申通公司以控股方的身份组建项目股份公司,并负责项目的融资。在项目建成后,申通公司以招标的形式确定项目运营权的归属,并与中标公司订立经营责任协议,明确运营目标。同时,申通公司负责组织盘活已形成的资产,筹集资金偿还建设期债务。运营公司将不负担对建设期负债本息的偿还,票价定位以经营目标为依据,实行经营成本反算制,定位较其他同类城市(北京、广州)要高。

1.2.3 城市轨道交通经营管理模式对运营筹备的影响

运营筹备工作的直接目的是确保城市轨道交通已建成的设备设施顺利运作,投入运营,如果采用不同的城市轨道交通经营管理模式，运营筹备主体所面临的运营筹备工作的目标、工作范围、工作量和组织形式将有较大的不同。

1. 对工作目标的影响

在建设、运营分立模式条件下，城市轨道交通的运营商往往通过商业投标取得运营权，并受到合同制约，所接受的已建成的城市轨道交通设备设施是运营筹备的基础。基于商业原则，它将在合同制约下追求最大商业利益。在运营权移交运营商后，企业将在确保设备设施正常营运外，根据总体经营责任及自身需要确立运营筹备核心目标。运营筹备的目标一般以有利性、经济性、时效性为主，具体来说就是尽可能获得状况优良的合同内设备，尽快实现可运营状态并投入运营，并通过运营实现经济效益。

在建设、运营一体化模式条件下，城市轨道交通的运营商同时又是建设方和投资方，对城市轨道交通整个项目的运作效果负总责。事实上，它同时是受政府委托的城市轨道交通建设代理者和运营商，它的企业目标是在追求社会效益的同时追求经济效益，并在运营投资、建设环节就对今后的运营所带来的社会和经济效益进行充分的预想和准备。在这种情况下城市轨道交通不再追求运营、建设、投资单个环节的经济效益，而是追求整个城市轨道交通产品提供的最优。运营筹备的目标也受企业大目标的指导和约束。

2. 对工作范围的影响

在建设、运营分立模式条件下，运营商以合同为依据，组织运营筹备工作。对于作为合同前提条件的规划、设计和建设成果，在符合合同规定的条件下，无条件接受。其负责的运营筹备组织的工作范围仅限于合同内设备设施的验收、移交、接管和调试工作，合同外设备设施的采购、安装和调试工作，人、财、物等运营资源的筹备工作，并且将花费大量时间、资源和精力用于与投资方、建设方、监管方的协调和讨价还价，围绕运营合同的实施和管理工作，最大限度地维护其商业利益。运营筹备的关键点和难点在于合同管理和对外协调工作。

在建设、运营一体化模式条件下，由于运营商同时也是投资方和建设方，其运营筹备组织的工作范围向建设环节延伸，即将组织运营的要求带到了投资和建设环节，运营筹备人员参与建设等相关环节工作，共同协调确保设计和建设成果为运营提供更好的平台和支持。各环节的协调使组织内部可以较为高效地得到运行。运营筹备工作的关键点和难点在于基于服务和运营的需要，在技术层面促使设计、建设等满足运营的要求。

3. 对组织形式的影响

在建设、运营分立模式条件下，运营商的业务相对简单，因此组织架构也较为简单，主要根据合同对其权利和责任的要求设置组织架构。一般来说，可包括运营服务单位、运营调度协调单位、维修支持单位、附属业务经营开发单位、专业管理单位等。其中负责运营筹备的单位因需要基于合同开展大量的协调工作，因此应由企业中负责对外协调的单位承担。技术性的筹备工作必须服从合同管理和对外协调的需要。组织形式多采用扁平型的组织架构或职能式组织架构。各单位之间的范围和界限，可根据专业和流程划分，也可根据地域、设备特点划分。决定组织形式的关键因素是运营商所运营的设备特点和运营规模。

在建设、运营一体化模式条件下，负责设计、建设和运营的单位共存于同一个企业内，势必造成企业业务差异大、企业规模大。企业多以集团公司的形式出现，根据业务划分内部单位之间的界限。集团内部常见的组织形式一般有事业部形式、分公司形式、子公司形式，甚至合作企业形式。采用这些组织形式主要是基于各业务之间的独立性。由于各组织之间的独立性和筹备工作的关键性，在集团公司内部一般需要设置专业的运营筹备的协调机构，从最高层次协调和指导运营筹备工作，而这一协调机构，在技术方面具有决策建议权。对政府监管部门、城市职能管理部门等的对外协调，则可交给集团其他专业部门解决，从而为整个运营筹备的运作创建相对稳定、高效的外部工作环境。决定组织形式的关键因素是整个企业的发展战略。具体承担运营商角色的，可能只是集团中的一个或者几个事业部、分公司或者子公司。这一个或者几个事业部、分公司或者子公司，一般在人、财、物方面具有较大管理权和决策权，并因直接涉及城市轨道交通运营而在内部设立了自身的运营筹备组织机构。

1.2.4 不同经营管理模式的运营筹备方式

1. 建设、运营一体化模式下的运营筹备

建设、运营一体化模式是指城市轨道交通产品所有运作环节由一个主体领导，该主体作为政府的代理人，负责城市轨道交通从规划设计、建造到运营及附属资源开发等整个过程的决策管理。

从宏观方面看，建设、运营一体化模式下，城市轨道交通的社会效益和经济利益的代言者是政府，其运营筹备目标是以政府决策为指导，将社会效益放在主导地位，最大限度地实现建设、运营联合体的经济利益。

从微观方面看，建设、运营一体化模式下，城市轨道交通的规划、投资、建设运营联合为一个整体进行集团化管理，运营单位作为“联合集团”的一个下属部门或子公司，不仅要担负所辖线路的运营筹备管理工作，完成政府和“联合集团”下达的运营指标，同时还要配合“联合集团”的其他部门或子公司开展规划、投资、建设管理工作，协助它们完成各自的经营目标。总之，建设、运营一体化模式下的运营筹备目标也是“联合集团”的综合目标。

建设、运营一体化模式下，运营筹备的重点是全面准确地理解政府在具体事务中的地位和作用，整合优化投资、建设、运营资源。一方面，在开通时间、服务标准、票价政策、运营补贴方式、公交接驳关系等方面与政府保持高度一致；另一方面，加强运营与建设、投资、规划部门的相互渗透和交叉作用，使运营筹备活动由人、财、物、规章、技术筹备延伸到工程建设阶段的可行性研究、规划、设计审核、招投标、设备监造、出厂验收以及安装调试等工作中，力求将合理的运营需求准确及时地反馈到工程建设中，以防范建设工期滞后或质量下降导致的建设风险向运营转移，同时使运营人员提早熟悉系统设备设施功能，掌握工程实际进度，有序可控地做好开通运营所需人、财、物、技术的统筹规划和实施管理。

2. 建设、运营分立模式下运营筹备

建设、运营分立模式通常是通过意向委托或市场招标方式，将一个城市某条轨道交通线路的规划、投资、建设、运营管理权分拆为若干独立体，以契约合同授予专业公司进行管理，各个独立体之间可以资产为纽带集结为“资产联合体”，也可完全独立为单体企业。

从宏观方面看，建设、运营分立模式下，城市轨道交通的社会效益代言者是政府，而经济利益的代言者是运营单位，在市场经济的作用和契约合同的约束下，其运营筹备目标是以契约合同约定的社会效益和运营单位的经济利益为出发点，最大限度地创造利益。

从微观方面看，建设、运营分立模式下，城市轨道交通产品的整个运作过程被分割为规划、投资、建设、运营等一个个独立的单元，彼此相互独立，各司其职，各负其责，运营单位作为其中一员，只需要按委托条款和合同要求履行运营管理职责和为企业发展创造经济利益，因而运营筹备的目标就是城市轨道交通的社会效益和运营单位的经济利益相结合的综合指标。

建设、运营分立模式下，由于职责、权限问题，运营筹备工作仅限于运营所需人、财、物、技术、文本的准备和参与工程验收、接管工作，以及研究处理与政府及投资、建设单位的利益和接口合作关系，因而运营筹备的重点是最大限度地筹划、营造外部协作环境和开发、利用内部资源。对工程建设阶段的可行性研究、规划、设计审核、招投标、设备监造、出厂验收以及安装调试等工作的介入广度和深度相对较弱。

建设、运营分立模式下，对外主要分析地方政府对城市轨道交通的投资、建设、运营管理以及资源开发等单位职责权限划分和授权授信程度，理清运营单位与各单位之间的工作接口关系，明确各自任务分工、指令流程和沟通协调机制，力争通过政府的组织协调，成立由地方政府规划、建设、交通主管等部门和城市轨道交通投资、建设、运营、资源开发等单位联合组成的新线建设指挥部，并出台相关配套政策，如运营单位介入工程建设管理制度、新线工程验收交接办法、新线联调演练组织管理办法等，在此基础上针对具体事务拟定详细实施细则，同时建立联席会议制度，及时协调处理工作接口问题，从而为整个运营筹备的运作创建相对稳定、高效的外部工作环境。对内，重点致力于新线运营筹备的组织结构、发展规模、运作流程、管理制度和技术措施等方面的研究和规划，如开展运营管理专题调研和人力资源招聘培训规划等，全力以赴做好运营内部事务的管理，为将来正式运营奠定坚实的基础。

1.3 城市轨道交通企业运营筹备工作

1.3.1 城市轨道交通项目全生命周期

1. 项目全生命周期

城市轨道交通项目都需要经历规划、设计、建设、运营等阶段，称为项目全生命周期。按照我国城市轨道交通建设程序，规划与设计阶段包括线网规划、近期建设规划、可行性研究、总体设计、初步设计、施工图设计等主要环节。城市轨道交通项目全生命周期构成如图 1-1 所示。

规划与设计阶段各环节之间具有很强的关联性，工程项目可行性研究是规划与设计之间承上启下的环节，既是规划阶段成果的落地，也是设计阶段工作的开始。建设与运营阶段之间则是以由建设方主导的试运行和由运营方主导的试运营为分水岭，这对于明确相关各方的责任具有重要意义。

2. 设计阶段的划分

工程可行性研究（工可）具有承上启下的作用，受工期安排的影响，可研的上报审批和修改完善多与初步设计阶段重叠，相关工作可同步推进，因此，一般将可研纳入广义的设计范畴进行系统安排，统筹管理。城市轨道交通是一个复杂的系统工程，为保障设计质量，有必要增加总体设计环节。总体设计是指工程可行性研究之后，初步设计之前的一个设计环节。总体设计并非法定要求：对于已经具备几条线路建设运营经验的城市来说，一般的项目可以不开展总体设计，而是作为初步设计的一部分，将其纳入初步设计工作之中；非常复杂或有特殊要求的项目则有必要完成单独的总体设计。对于首次建设城市轨道交通项目的城市，有必要在初步设计阶段前开展总体设计工作，做到更加系统全面地稳定设计方案。

招标图设计也是一个非必需的设计阶段，它是在初步设计批复后以初步设计及其批复意见为依据为施工招标提供依据而开展的设计工作，可以理解为施工图设计的子阶段，仅为施工招标服务，不能代替施工图进行现场施工。

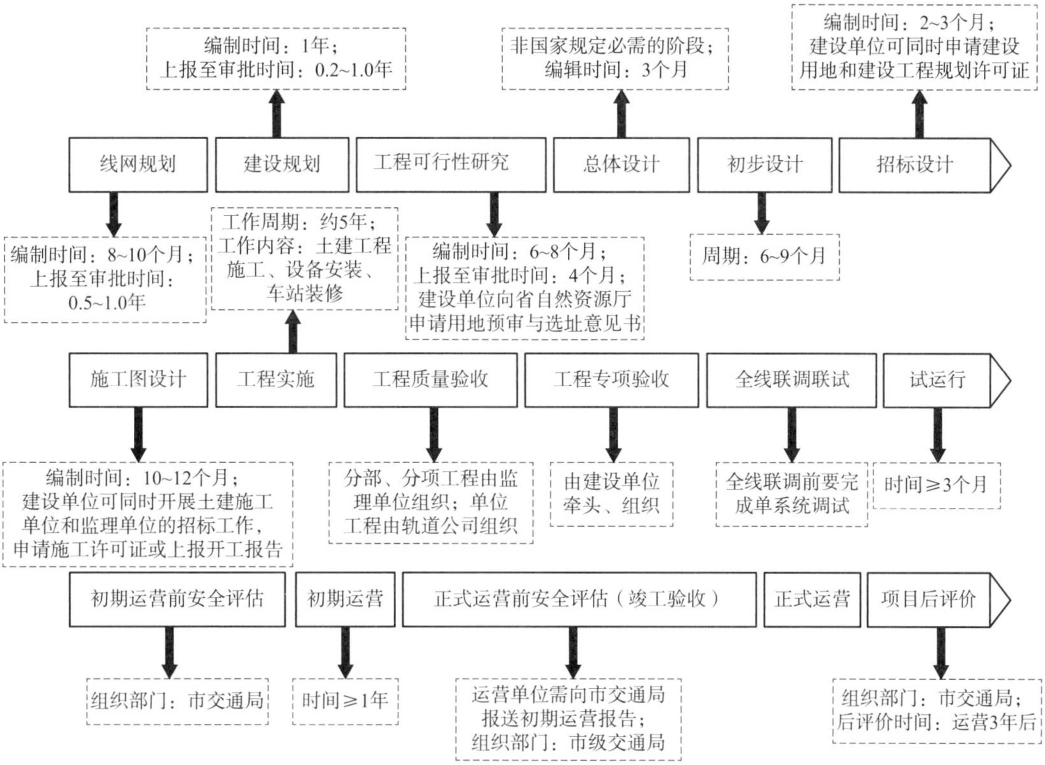

图1-1 城市轨道交通项目全生命周期构成

综上所述，城市轨道交通项目法定的设计阶段包括初步设计和施工图设计两个阶段，广义的设计阶段包括工程可行性研究、总体设计、初步设计、招标图设计和施工图设计五个阶段，其中总体设计也可以理解为初步设计的子阶段，招标图设计可以理解为施工图设计的子阶段。

3. 各设计阶段的主要内容

（1）可行性研究阶段。

工程可行性研究是国家规定的城市轨道交通项目必备的程序和固定资产项目必不可少的基础性工作，依据国家批复的近期建设规划开展研究，在对项目有关的技术、经济等情况调查、研究、分析的基础上，对各种建设方案进行比选论证，并对项目建成后的社会经济效益、社会影响、企业财务效益进行投票及评价。以选择社会效益及财务经济可行、技术先进实用、建设方案合理可行、投资风险较低的工程建设方案，为项目审批提供可靠依据，其结论也是国家进行投资决策的重要依据。可行性研究是项目前期工作的最后一环，也是设计阶段开始的依据。工程可行性研究报告编制时间一般为6~8个月。

（2）总体设计阶段。

总体设计是对建设项目技术标准、工程规模、重大原则、重大技术方案等进行的全面性系统性的研究。总体设计的目标是落实外部条件，稳定线路站位；明确功能定位，确定运营规模；理顺纵向关系，明确横向接口；统一技术标准，分割工程单元；筹划合理工期，控制投资总额。

总体设计文件是指导下阶段设计的基础和控制性文件。总体设计阶段要完成工程全局性战略部署，特别是总体方案对初步设计和施工图设计有决定性影响。

总体设计工作必须由总体单位独立或以总体单位为主体来进行。组织完成总体设计阶段的设计任务，编写总体设计文件，是总体设计的重要工作内容之一。单独设置的总体设计时间一般为 3 个月。

(3)初步设计阶段。

初步设计阶段，各专业应提出相应的设计方案或重大技术问题的解决方案并进行综合技术经济比较，论证技术上的适用性、可靠性和经济上的合理性。初步设计文件应符合已批准的可行性研究报告、审定的设计方案及落实的接口条件，进一步明确工程规模、确定拆迁、征地范围和数量，提出设计中存在的问题、注意事项及有关建议，其深度应能控制工程投资。满足编制施工图设计、主要设备订货、招标及施工准备的要求。另外，还应在保证工程切实可行的条件下，对造价进行控制，进而顺利获得审查机构对项目建设的批复。

初步设计经上报审查批复后，作为后续施工图的依据，也是招标、验收、运营以及审计等的基本遵循具有重要的地位，设计、施工、监理、运营及政府各部门都应严肃认真地对待初步设计，按要求开展各项工作。鉴于初步设计的重要性，必须保证合理的设计周期，独立开展总体设计的初步设计周期一般为 6 个月，未独立开展总体设计的设计周期一般为 9 个月。

(4)施工图设计阶段。

施工图设计根据批复的初步设计进行编制，设计文件需满足施工、安装、加工及编制施工图预算的要求。它是工程进入实际建设阶段的具体性文件，同时也是工程实施完成后进行工程审计的重要依据。城市轨道交通施工图设计，自开始后一直持续至工程实施完成。

工程实施过程中的变更设计也是施工图设计的重要组成部分，与施工图一样具备法律效力。施工图必须以初步设计及批复意见为依据，如有重大变化，必须按程序上报备案，或者编制补充初步设计文件按程序审批后方可在施工图设计中落实。施工图设计工作量巨大，且受到各种因素限制，难以在短时间内完成全套施工图，可根据工程进度要求分批完成施工图文件，但必须考虑其系统性，并按规定完成施工图强审工作。

1.3.2 新线运营筹备工作内容

新线运营筹备工作是指运营单位在建设阶段至新线开通试运营期间开展的工作，其目的是确保新线顺利开通试运营，筹备工作一般的实施时间为 1 ~ 2 年，可根据新线筹备的难度适当增减筹备时间。

新线运营筹备主要分为三大块内容：架构模式筹备、人员筹备、开通筹备。架构模式筹备主要包括公司组织架构建立、部门组织架构设置，车辆、设备和工务维保模式建立，物料供应模式建立等。人员筹备工作包括部门人员定岗定编、岗位职责的编制、骨干人员的招聘及生产人员的培训。开通筹备部分包括技术筹备和后勤筹备。

具体工作繁复众多，主要包括以下细节：

(1)整体方案制订：主要是指结合建设工期安排，编制开通筹备工作总体方案，明确各筹备单位职责分工和工作要求，各单位在总体方案的基础上，细化工作内容和人员安排。

(2)人员招聘与培训：确定岗位及编制，并制订人员招聘方案，保证按工期节点和开通时序到位，同时制订相应的培训计划，确保人员按计划取得上岗资格证。

(3)移交接管和消缺:按工期节点,编制车站、轨行区、场段接管和移交方案。按照接管条件逐条清理,根据整体工期节点逐步接管属地管理权、调度指挥权和设备操作使用权的接管。

(4)维保组织:包括编制各系统维保方案和修程修制、设备备品备件和工器具等的移交入库等。

(5)整章建制:制定安全类、维保类、客运类、行车类、应急类目录清单及编制计划,并在专家评审前完成全部规章的发布。

(6)安全及警务:包括安检、安保人员招聘、全线门禁授权、特种设备验收、防洪隐患排查、安全评价和职业病危害评价等。

(7)行车和客运:包括行车组织方案、收发车方案、客流预测、各站客运组织方案、全线广播、视频、导向方案,如果已有线路开通,则涉及既有线路的车内、车站导向、广播更新等。

(8)应急演练:成立开通试运营前演练工作组,结合新线开通试运营前演练工作要求和开通线路实际情况,制定应急演练计划,并按计划完成。

(9)物资和后勤保障:包括车站、场段接管前的物资配备到位、办公设备和家具到位、接管后的开荒保洁等。

(10)宣传工作:制订宣传策划方案、主题车站、主题列车方案等。

(11)空载试运行:包括空载试运行的组织方案、运行时刻表,并在最后阶段按照开通试运营跑图及空载结束后的总结报告等。

(12)开通试运营:包括编制开通试运营组织方案、试运营专家评审、评审意见整改、试运营前的综合大检查等。

新线运营筹备工作是开通试运营的基础,必须明确各单位在新线运营筹备所需的人、财、物、规章、技术等资源筹备工作以及在工程设计、建设、综合联调、演练、试运行和开通试运营等各阶段筹备环节的主要工作,提高新线运营筹备工作规范性、科学性和有效性,贯彻“运营前置”理念,才能保障新建线路顺利开通试运营。

1.3.3 新线运营筹备工作环节

运营筹备期大致可以分为系统功能设计及招投标、设备监造安装和调试、系统联调和试运营三大阶段,如图1-2所示。从达成运营目标的角度来看,这三个环节的主要任务、工作侧重点及人员配备都存在显著的差异。

1. 系统功能设计及招投标阶段

系统功能设计及招投标阶段的主要任务是从满足乘客需要、节约运营成本的角度对系统的总体定位和功能进行审查,分析、规划和设计车站布局、运营服务以及车辆、通信、信号、供变电等系统功能。

2. 设备监造安装和调试阶段

设备监造安装和调试阶段的主要任务是熟悉各种车站设备和系统设备的功能操作特点以及编写各种技术维修规程和操作流程,编写各大工种和车站服务人员的培训教材,策划组织运营期的人、财、物的筹备,筹备运营管理模式和组织架构,设计运营的人力资源管理体系,按照组织架构细化各个部门的岗位设置,并根据开通规模与相关的原则、方法和策略编制各类人才的招聘和培养计划等工作。

3. 系统联调和试运营阶段

系统联调和试运营阶段的主要任务是在确保系统正常稳定的情况下，结合联调和试运营过程中发现的问题，完善各类规程和流程等技术和管理文件，并按照相关规程、流程和方案，组织员工进行综合演练，确保员工能熟练操作、维护各种车站和系统设备，并具备基本应对各种突发事件的能力，为轨道交通的正式开通运营打下坚实的安全基础。在这个阶段应确保各类核心岗位的人员配置到位，以充分检验运营组织架构和管理模式的有效性，除少量站务岗位和辅助岗位的人员外，其他人员应基本招聘到位，并已开始相关培训工作。

图 1-2　新线建设与运营筹备期工作环节

1.3.4　运营筹备工作规划与安排

运营筹备工作需要根据新线开通所设定组织架构，以建设工期和开通试运营并竣工验收为目标，全面规划运营单位所需开展的运营筹备工作。

城市轨道交通线路的发展过程基本可分为工程建设时期、试运营时期、正式运营时期三大时段，所以运营筹备对应的工作计划重点为实现“三权”接管、建成开通试运营和项目竣工验收。在筹备工作规划中要充分考虑线路试运营开通所必需的人员、费用、规章、运作四大因素，承担既有线路运营的新线筹备运营单位还需要结合既有线路实际工作经验，遵循以“生产为主，合理安排”的原则对筹备工作进行细致认真地安排，以筹备工作计划为总纲，辅以细化的各专业子计划模块来补充，力求全方位包含开通前的应做工作，给新线筹备工作以具体指导，并建立一套“以小目标的完成保大目标的完成，以分目标的实现保总目标的实现”的目标管理体系，从而保证各项工作计划执行有明确的重点和方向，避免盲目、游移和无效的劳作。

根据城市轨道交通建设程序及开通运营筹备工作的内在联系，按照竣工验收倒排工序方法，明确各阶段各项筹备工作的安排，见表 1-1。

表 1-1　新线开通运营筹备工作安排甘特图

建设时段	工程建设时期	试运营时期	正式运营
建设目标	“三权”接管目标		
	开通试运营目标		
		竣工验收目标	
筹备计划项目			
1. 组织筹备人员参加新线建设	从筹备启动至“三权”接管		
2. 人力资源管理筹备	人员“三权”接管前到位，综合联调前完成培训		
3. 资金与物资管理筹备	试运营开通前 3 个月全部物资到货		
4. 后勤保障管理筹备	筹备全过程（含外部协调与宣传）		
5. 技术管理筹备	试运营开通前半年完成专题研究并形成成果		
	综合联调前完成技术规程、维修手册		
	试运营开通前 1 个月完成应急预案、故障处理指南以及运输组织方案编制		
	试运营前半个月完成时刻表发布		
6. 工程验收与“三权”接管筹备	根据建设工期进行验收，在接管前 1 个月完成接管方案的发布		
7. 运营联调与演练管理筹备	“三权”接管前完成方案的发布，试运营开通前 3 个月至半年之间开始综合联调演练工作		
8. 安全管理筹备	筹备全过程		
9. 开通试运营管理筹备	试运营开通前半个月至 1 个月完成		
10. 竣工验收管理		开通试运营至竣工验收	

1.3.5　全自动运行线路的运营筹备工作规划与安排

全自动运行线路的运营筹备工作较传统线路，需要更早筹划和实施（筹备时间要长于传统线路 0.5～1 年），以解决需求管理过程遇到的多种难题，在实践中不断探索和提升，并以自上而下的方式分析功能配置及系统运作，总结形成一套成熟的全自动运行需求的运营筹备管理经验。通常情况下全自动运行线路的运营筹备工作规划与安排包括：

（1）统筹组织。在项目确定采用全自动模式后，就要启动全自动线路建设统筹机制。一般由新线中心统筹内外衔接，建设主管方牵头“一致性协调方”协调五大核心系统，运营单位组织需求内控的一致性协调各方。

（2）强化源头管理。建立与“一致性协调方”、建设方良好的对接机制，组织核心专业重视设计文件审查，做好每条意见质量把关与核实。同时，组织运营单位各专业参与各项接口会议，参与系统承包商实施方案，进一步强化新线关键会议专业决策力度。

（3）突出运营单位的重要性。运营单位要协调建设主管方，完成功能需求审查、全自动系统专项研究、同期线路需求标准化管理等提前启动和推进全自动运行功能需求标准化建设；要提前研究确定全自动运行线路最佳管理模式，包括组织架构、人员配置、维护管理、全自动运行线路的运营管理目标、运营管理需求、系统功能需求、安全管理需求等，挖掘全自动系统带来运营管理优势，为轨道交通全自动运行新线建设和筹备工作提供参考。运营单位要全面介入全自动系统的招标、设计、调试等各阶段工作，通过筹备工作培育全自动系统的专业骨干人员。

（4）考虑全自动运行线路的特点，促进 FAO 专业融合。在统筹组织下，核心专业调度、站务、乘务、通信、信号、车辆、站台门、综合监控专业之间沟通更为密切，引导跳出单专业思维，从全系统角度思考运营需求。运用和维护所谓的前台和后台不再割裂，前台懂系统原理，后台懂使用需求，使运维一体化更具可行性，推动全自动运行模式下岗位复合、人员配置精简、强技能之路迈进更为顺利。

复习思考题

1. 城市轨道交通运营企业在筹备期将已建成的工程系统开发为能服务乘客的运营系统需要完成哪些主要筹备事宜？

2. 为什么说城市轨道交通运营管理是多目标多层次的综合性组织管理。

3. 运营筹备具体划分为哪些阶段？包含哪些内容？

4. 试阐述城市轨道交通经营模式的建设、运营一体化模式和建设、运营分立模式的不同之处。

5. 试凝练不同经营管理模式的运营筹备工作有哪些不同？（限 100 字以内）

6. 运营筹备期三大阶段的工作任务和侧重点各是什么？

第2章 运营筹备实施

学习目标

1. 了解城市轨道交通企业运营筹备组织基本内涵；
2. 熟悉主流城市轨道交通企业运营筹备组织架构；
3. 了解全自动运行线路运营筹备组织特点；
4. 熟悉新线人力资源筹备的人力规划、薪酬、招聘和培训等工作内容；
5. 了解运营物资筹备的工作目标和内容；
6. 了解后勤保障筹备的工作目标和内容。

2.1 运营筹备组织

运营筹备工作的目的是通过统筹安排各项运营筹备任务，为顺利实现运营线路的开通提供可靠、坚实的基础。运营筹备工作主要包括新线的接管、调试和竣工验收以及建立新线运营所需的人、财、物、规章等基础条件，涉及范围广，工作周期长，各里程碑工程相互制约和影响，组织协调复杂。

城市轨道交通运营筹备的组织者必须根据所要完成的任务，确定由谁来完成任务以及如何管理和协调这些任务。而参与运营筹备任务的人员，则在一定的组织方式和运作指令的规定下，各司其职，相互协作，在城市轨道交通运营筹备组织内部，实现运营筹备的信息、资源和任务顺畅流动，提高工作运作效率，确保筹备工作全面及时高质量地完成。

运营筹备组织，是运营单位在内部建立的筹备组织，往往是企业组织的有机组成部分，即项目组织成员来自企业，并由企业根据组织管理及技术资源需要进行统筹支配。因此，该项目的组织形式与企业的组织形式密切相关。

2.1.1 新线筹备组织

新线筹备组织，主要指新成立的且尚未承担过任何线路运营任务的运营单位在建设尾期，即新线开通试运营前期需要成立的组织单位用于专门负责新线运营筹备组织工作，确保预开通线路的顺利接管及运营。基于在新线筹备组织的过程中，组织规模、工作目标及任务将随着时间的推移而发生变化，故本书将新线筹备组织划分为筹备启动期和筹备接管期两个阶段，以便更清楚地说明新线筹备组织的发展过程。

1. 筹备启动期的筹备组织

在筹备启动期,运营筹备工作的特点是政策层面的工作性强、对外协调要求高,因此,从节约资源、精简机构的角度出发,可采用以项目运作方式组建独立的运营筹备项目组。项目运作方式具有目标清晰、明确、指挥灵活有效、制定决策快速等优势,有利于运营筹备工作的总体统筹、协调,提高事务处理效率。

首次开通运营线路的运营单位必须在预开通线路正式投入运营前 3 年内(筹备时间可根据实际情况适当提前 1 ~ 2 年)成立独立的项目组。同时,应设置合理的组织结构管理模式及人员配置,明确工作任务、职责以及与项目组外部组织相关的职能,并最终落实筹备项目小组成员全部到位。

项目组的组建方式常见的有工作队式、项目型、矩阵型等。结合城市轨道交通运营商的组织发展阶段和业务特点,如运营组织刚刚成立、运营筹备涉及专业多、专业模块之间没有交叉等,在筹备组织成立初期阶段多采用工作队式的项目组织。

(1)人员组织。

运营商通过社会或内部招聘确定项目经理及专业小组成员,组成项目管理机构;项目组成员在项目工作开展过程中,由项目经理领导。其中,若为从上级单位内部抽调的人员,原单位领导只负责对其进行业务指导,不能干预其工作或调回人员;项目结束后机构撤销,所有人员可根据企业特殊需要另行安排。

(2)组织机构设置。

该阶段组织机构设置通常按专业划分工作小组,采用专业组的管理模式,由直线指挥人员全权负责,不设置职能结构或只设置主要职能支持和协调的小组。结合国内已有城市轨道交通在运营筹备期间的普遍特点,该组织机构的范例如图 2-1 所示。

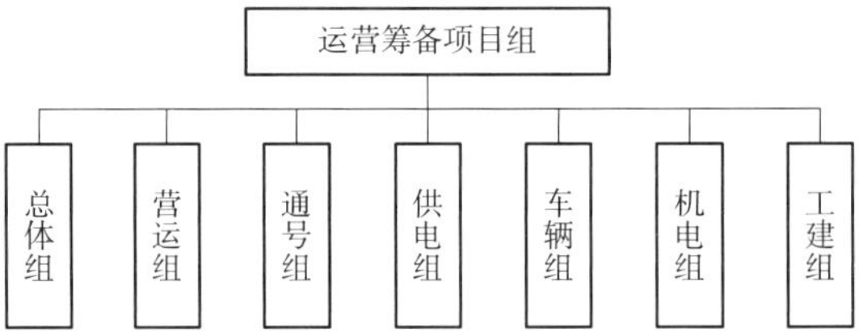

图 2-1 筹备启动期运营筹备组织机构图

(3)组织结构特点。

专业组的管理模式是最简单的一种组织形式,其特点是项目组有明确的目标、范围和工作量,并能够清晰地分解给各个专业组,以确保专业、技术集中优势的原则设置专业。各专业组从上到下实行垂直领导,只接受一个上级的指令,各级负责人对所属单元的一切目标、任务和问题负责,专业组能有效发挥各方面专家的特长和作用。组织内部的层次精简,信息传递快速,各业务间横向联系相对较少。如有必要,可设置精简统一的职能管理、协调专业组。

(4)组织运作条件。

① 组织规模。本阶段需要运营筹备组织内核心业务管理骨干、技术骨干全部到位。

② 工作目标。以基本建立运营管理团队的雏形为目标,在完成政策层面的研究筹划的基础上,组织关键岗位人员基本配置到位。

③ 主要工作职责。本阶段运营筹备组织需要配合建设单位进行专业性设计、用户需求书

审查以及组织政策层面的专题研究;组织策划新线运营接管方案,预测开通线路的实际客流,编制合理的城市轨道交通票价方案及科学的运营策划方案,拟订对外服务的标准、承诺,设定基本的企业文化准则;完善组织内各项任务的接口设计工作;开展人员招聘、培训及资金需求规划等。

2. 筹备接管期的筹备组织

相对于筹备启动期,筹备接管期的特点是操作层面的工作性强,随着内部组织规模逐渐壮大,对内协调要求较高,且基本具备了城市轨道交通新线路开通后的全部运营管理业务的雏形。

相应地,运营筹备接管期筹备组织必须在原有的项目组的基础上脱胎演化,逐步发展为长期、正式的组织架构,以满足独立承担运营业务运作的需要。因此在工程建设后期,即预开通线路正式投入运营前2年内(筹备时间可根据实际情况适当提前1年),根据新线接管并投入运营的需要,运营商要在筹备启动期的组织架构的基础上,逐步建立起正式的运营管理组织机构,同时兼顾负责运营筹备工作。由此可见,在本阶段运营管理组织和运营筹备组织实现了合二为一。在此期间,基于今后运营管理的需要,合理设计运营管理模式、组织架构及其功能,明确内部部门职责及定位,明确相关业务流程。

由于本阶段的组织架构为运营管理组织和运营筹备组织的联合体,其设置必须以满足城市轨道交通运营管理的要求为指南。城市轨道交通为乘客提供轨道交通运输位移服务,属服务型企业。其运营管理必须面临和解决以下问题:

① 地域性分布多。

② 决策分权化。

③ 要求反应时间迅速。

④ 重视地点和便利性。

⑤ 属劳动和知识密集型企业,对员工技能水平要求较高。

要满足这些管理的需要,具体的组织架构形式可根据运营管理的实际情况及需求设立。国内运营企业的组织架构大多采用事业部运作模式和公司运作模式两种形式。

(1)事业部运作模式下的运营组织架构模式。

事业部制最早是由美国通用汽车公司总裁斯隆于1924年提出的,故有“斯隆模型”之称,是一种高度集权下的分权管理体制。它适用于规模庞大、品种繁多、技术复杂的大型企业。企业按照所经营的事业,按产品、地区、顾客(市场)等来划分部门。运营单位以事业部制管理模式运作,受上级组织单位宏观调控,承担自主经营、独立核算的责任。

(2)公司运作模式下的运营组织架构模式。

与事业部相比,运营单位以公司制运作,将独立承担自主经营、自负盈亏的责任,对市场的反应和决策速度相对较快。

将运营组织设立为公司制,负责所辖资产的管理,通过经营实现利润,并根据经营结果,兑现员工收益。采用公司管理模式授权运营公司经营,有利于运营业务本身管理不断深化,上级单位将减少在运营的协调管理上的成本,将精力集中于上级单位的融资、建设和经营。

将运营组织设立为事业部制,在运营筹备接管期大部分进行的是各类筹备及接管工作,还未正式投入运营,各方面还需要依托上级单位。采用事业部管理模式,便于上级单位宏观调控与指导,加强职能管理和支持,有利于上级单位一体化经营管理。

具体运营组织管理模式的选择需要结合本地城市轨道交通建设及运营筹备的实际情况综合考虑。

2.1.2 增开或改造线路筹备组织

增开或改造线路筹备组织，主要是指现有运营组织在确保既有线路正常运营的同时承担新线或改造线路（主要指原线路走向有所调整，需要对既有线路进行拆分，不包括既有线路自身技术改造）的筹备任务，以现有组织机构（事业部/运营公司）为依托，组建的特殊筹备组织。即新线开通运营前2年内，在运营管理组织机构范围内，成立运营筹备项目组织。同时，应设置合理的组织模式及人员配置，明确工作任务、职责，并落实筹备小组成员到位增开或改造线路运营筹备工作的特点是利用既有人力及技术等资源，在原有业务的基础上开展运营筹备工作。因此，在运营管理组织架构下，筹备组织与职能部门是同时存在的，既能够发挥职能部门的纵向优势，又能发挥项目组织的横向优势：专业职能部门是稳定的，筹备组织是临时的，筹备项目结束后，项目组成员立即解散并回到原岗位上。这种组织模式称为“矩阵型项目组织”。

1. 人员组织

组织成员一般是从企业内各职能部门抽调，职能部门负责人对参与组织的人员有组织调配和业务指导的责任。项目经理将参与项目组织的职能人员在横向上有效地组织在一起，按专业及职能特性进行分工，并协调及平衡各项筹备工作的产出。项目经理对项目的整体结果负责，而职能经理则负责为项目的成功提供所需资源条件。

2. 组织结构设置

通常在事业部（运营公司）内部常设有新线筹备办公室，负责牵头组织各专业职能部门，在不影响既有线路正常运营的情况下，开展增开线路的新线筹备工作。该组织强调项目负责制，由项目经理负责整个项目的统筹管理，有利于总体目标的实现；拥有多方面的专业人才，能充分发挥专业职能人员的作用；在使用人才方面，是根据实际需要而定的，具有一定的弹性；需要决策的问题比较集中，管理效率高在充分利用运营架构下人力及技术资源的同时，将职能与任务很好地结合在一起，既可满足对专业技术的要求，又可满足对每一项任务快速反应的要求，促进相互学习及交流。但各项目间、项目与职能部门间容易发生矛盾，项目组成员容易陷于双重领导的情境，如领导的意见不一致时，会使下属无所适从；人员变动大，相对稳定性差，容易影响一些人的情绪。

3. 组织运作条件

（1）组织规模。

项目组成员由常设新线筹备办公室成员和各专业职能部门委派人员组成。

（2）工作目标。

确保组织能够顺利实现新线接管并投入试运营。

（3）工作职责。

按组织标准配置，全面实施招聘工作，确保员工全部到位；制订及发布开通运营筹备总体工作计划，并落实资金；编写及发布技术规章、操作规章、管理规章、应急预案、演练方案、开通宣传方案等；全面开展设备操作培训、岗位培训、供货商培训；保证所辖物资采购到位，包括工器具、备品备件、固定资产、办公及生活家具、劳保用品、低值易耗品、车站用品等；跟进新设备单体调试，熟悉设备性能，配合建设单位进行全线联调，组织制订新线各系统设备的综合联调方案,各类实操演练、时刻演练,并调动各级力量落实实施;负责车站服务设施的布局、宣传及补充导向的布置。

2.1.3　全自动运行线路筹备组织

根据《中国城市轨道交通全自动运行系统技术指南》,全自动运行系统是基于现代计算机、通信、控制和系统集成等技术,由信号、车辆、综合监控、通信、站台门等与列车运行相关的设备组成,实现列车运行全过程自动化的系统。自动化等级(grades of automation,GOA)分为五个等级,分别为:

GoA0:在该等级下,系统实现目视下列车运行(train operation simulator,TOS);

GoA1:在该等级下,系统实现非自动化列车运行(non-automatic tran operation,NTO);

GoA2:在该等级下,系统实现半自动化列车运行(semi-automatic train operation,STO);

GoA3:在该等级下,系统实现有人值守下的列车自动运行(driverless train operation,DTO);

GoA4:在该等级下,系统实现无人值守下的列车自动运行(unattended train operation,UTO)。

目前,国内建设或运营的全自动运行线路,均按照最高等级 GoA4 全自动运行模式进行项目的设计、建设和运营。与传统线路相比,全自动运行线路具有设备集成度高、各系统功能复杂、系统接口多、系统联动程度高、行车组织智能等特点,且与传统线路相比,全自动运行线路的自动化、信息化、智能化水平均有较大程度的提升。

由于全自动运行线路的建设还未形成统一标准,国内各城市正在逐步探索和应用 GoA4 全自动运行模式,各城市对于全自动运行线路的筹备还未形成特定的模式。为了更加科学地组织运营筹备工作,确保全自动运行线路实现设计目标,通常情况下,较传统线路相比,全自动运行线路筹备初期需要根据当地城市轨道交通智慧轨道交通发展规划、已明确的全自动线路运行功能开通的建设目标,并充分借鉴国内、国际先进经验,匹配当地轨道交通运营实际,制定符合全自动运行线路的筹备总体策划方案并组织实施,重点要突出以下几个方面:

(1)落实"运营场景筹备效果符合系统功能设计和运营需求"的思路,提前开展全自动运行线路的场景研究和验证,包括"正常场景、故障场景、应急场景"等全自动运营场景,充分考虑场景验证时间,确保试运行、运营管理和应急处置等结果符合运营需求。

(2)多维度考虑线路全封闭特点,筹备期重点研究、制订和落实符合全自动运行特点的运营管理模式,要突出全自动运行线路的实用性,进而实现"提升安全可靠性、减少人为误操作、合理配置运能、提升运营效率、提升运营服务品质、提高运营组织的灵活性及优化运营人力资源配置"。

(3)对于运营高峰与平峰期客流量差异显著的线路,筹备期要实现系统精确的控制能力支持灵活编组运营模式(列车自动快速解编和重联功能)。通过灵活编组,适应不同量级客流,实现运营服务水平与运营经济性的良性平衡。

(4)筹备期要反复验证全自动运行系统的可靠性和可用性,确保线路具备更强的抗干扰能力及故障恢复能力,减少影响运营的故障。

(5)在功能实现方面,筹备期要实现全自动运行系统兼容非全自动运行的运营需求。

(6)在危险源管理方面,筹备期需结合全自动运行场景,根据危害程度与发生概率在工程各阶段进行危险源分析,并在建设、调试及运营过程中对危险源进行管控。

(7)在制度体系方面,运营单位需要考虑建立符合全自动运行的组织架构、运营组织管理机制和规章制度体系。

(8)在人员培养方面,全自动运行线路需要按照"业务整合、专业融合"原则,考虑创新设置的岗位(如车辆运用检修工、工程车运用检修工、场段运用调度等复合岗位,新增的车辆调度和乘客调度岗位),并根据岗位融合体量和人员素质,充分考虑培训、考核周期。

(9)在模式创新方面,在线路筹备工作过程中,需要统筹考虑该城市中远期运营模式、智慧城轨建设、绿色城轨发展等要素,全面建设全自动运营管理体系,探索符合该城市的全自动运行线路筹备和运营管理模式。

2.2 人力资源筹备

2.2.1 城市轨道交通企业人力资源筹备概述

人力资源筹备就是紧密围绕企业的发展战略,建立影响员工行为态度以及绩效的各种岗位、绩效、薪酬、培训管理等制度体系,并综合运用规划、招聘、调配、考评、晋升、培训等手段,激发和调动员工的积极性和创造性,实现企业价值最大化的动态过程。因此,人力资源筹备分宏观和微观两个层面:宏观层面是指建立一套与企业发展战略相匹配的人力资源管理体系;微观层面是指根据企业发展战略的需要进行人力资源储备。

城市轨道交通是一个由当地政府主导、为公众提供公共交通服务的准公益性行业,混合了政府、企业和公用事业单位的特性。同时城市轨道交通运营涉及车辆、信号、通信、供电、轨道、自动售检票、计算机、通风、空调、消防、监控等众多系统的联动,而具有较高的不稳定性和复杂性。人力资源部门必须前瞻性地深入城市轨道交通运营各项筹备工作的每一个环节,与其他业务模块管理人员共同探讨、分析每个业务流程对岗位设置的需求,开展岗位工作分析,建立岗位管理体系和任职资格管理体系,在此基础上建立与城市轨道交通运营开通规模相匹配的人力资源规划、绩效管理体系、培训体系、薪酬体系,并通过这些体系将企业的使命、文化、行为规范、流程、授权、招聘、任用、晋升、考评、培训等一系列过程和环节有机结合起来,协调一致,才能使人事相宜、事得其才、人尽其用,才能分工明确、事事相宜、权责有序,发挥团队的力量,从而为城市轨道交通的安全、持续、经济、高效运营建立坚实的人力资源保障。

一套完整的人力资源管理体系,包括选人、用人、育人、留人四个环节。在这四个环节中选人是先导,用人是核心,育人是动力,留人是目的。这四个环节既相互交叉,又相互影响,需要根据企业的不同发展阶段和岗位制订相应的标准和要求。其中,招聘和选拔系统是选人环节的基础,配置与使用系统是用人环节的基础,培训与开发系统是育人环节的基础,考核与薪酬系统是留人环节的基础。所有这些基础都离不开岗位管理、绩效管理和薪酬管理,它们紧密联系、相互作用,将所有的人力资源活动有机地统一起来,构成了一个整体,是人力资源系统的基石。

2.2.2 人力资源需求规划

人力资源需求规划是在人力资源战略基础上对企业未来人才的需求与供给、培养与选拔方式进行科学、整体的预测和规划,是所有人力资源管理活动的起点。

根据发达地区地铁人力资源配置数据统计,运营配备人员总体在 55 ~ 100 人/km 的范围,总的趋势是随着地铁运营企业对地铁运营管理的娴熟,其每公里的配员呈逐步下降趋势,成熟地铁企业运营配员一般在 50 ~ 55 人/km。参照这一标准,在进行运营人力资源储备时,如未来 2 年内无新线开通,运营人员的筹备可考虑按 70 ~ 90 人/km 的标准进行人力资源配置。如未来 2 年内有新线开通的运营计划,可以考虑按初始标准的 20% ~ 40% 进行人员储备。

在具体配置过程中,合理把握好人员的专业(工种)之间的比例关系。地铁运营配备人员类别划分为四类:

(1)一线生产(服务)人员,包括从事检修和维修作业的维修工,从事乘客服务的列车司机、站务员、值班员、值班站长和工程车司机(不含保洁和安保人员)。

(2)技术人员,包括从事各种设备设施规程和工艺编写、故障分析、方案设计等工作及生产组织运作管理岗位的人员。

(3)辅助支持人员,包括文员、汽车司机、仓储和食堂人员。

(4)职能和管理人员,包括文秘、生产、计划、财会、物资、人力资源、党群等行政管理岗位的人员。

2.2.3 薪酬设计

对国有企业而言,可以根据国家的相关工资政策,积极向政府争取比较有利的工资总额方案。在未直接投入运营产生经济和社会效益前,建议按照人数控制指标和当地国有企业在岗职工平均工资的 1.5 ~2 倍实行工资总额包干,城市轨道交通作为一个技术含量高的新兴行业,其平均工资水平定位在国有企业平均工资水平的 1.5 ~2 倍之间,才能在吸引其他行业人才加入城市轨道交通行业方面具备一定的优势。在投入正式运营后,则按照运营里程和运营收入实行工效双挂。

对其他所有制形式的企业而言,经营管理层或董事会,必须根据企业的特点,从经济效益的角度出发,同时参照同类性质行业或企业的工资水平,制订一套与企业发展战略和总体经营效益相适应的员工收入分配机制,在总的人工费用保持一定结构不变的情况下(如我国香港地铁总体人工费用约占营运开支的 50%),以员工的技能和业绩成长为核心,来建立员工收入的内在分配结构,以激励和调动员工的积极性和创造性。

在总体人工费用支出政策确定后,在内部薪酬制度体系设计上应遵循职代会审议、行政审批、报备相关政府部门的流程运作。

1. 薪酬制度设计要点

(1)定义各岗位的级别。对各岗位进行内部价值评估,建议岗位级别划分为 9 ~ 15 级,对应的薪酬档次约分为 45 ~ 75 档(每个岗位级别约分五个薪酬档次)。

(2)最高级别岗位的收入建议按员工平均收入的 5 ~ 6 倍确定(北京及沿海地区约按照 10 ~ 14 倍的标准确定)。

(3)工资由岗位基本工资、岗位绩效工资和福利补贴等构成。

2. 薪酬制度设计的一般程序

(1)细化完善各岗位说明书。

(2)建立岗位价值评估模型。

(3)成立岗位价值评估小组,并接受岗位价值评估模型的使用培训。

(4)调研同类行业或企业同类岗位的总体薪酬水平和结构。

(5)评估小组对各岗位进行评估,并根据评估结果划分岗位级别(9 ~ 15 个级别),各个岗位级别间的拉差为:岗位级别越低拉差越小(5% ~ 40%)、岗位级别越高拉差越大(30% ~ 100%)。

(6)将各个岗位级别的薪酬幅度范围划分为五个薪酬档次,并逐级归类。

(7)根据实际管理的需要,细分工资的各个组成部分及所占比例,如岗位基本工资、岗位绩效工资和福利补贴等。

(8)根据具体岗位设置进行总体测算调整,确保总体薪酬费用在政策允许的范围内。

(9)制订具体的工资调整晋级实施办法。

(10)将相关办法和方案提交职代会审议。

2.2.4 人力资源储备

根据轨道交通开通的人才需求特点,为确保重点,保障所有需求的人才能有计划、有步骤地引进,应优先考虑管理骨干、技术骨干的引进培养。将所有需要引进的人才,划分为高层管理人员、中层管理人员、基层管理人员、高级技术(专业、生产)人员、中级技术(专业、生产)人员和初级技术(专业、生产)人员六大类。以轨道交通运营联调开始时间为招聘截止点,高层管理人员应提前 2.5 年招聘到位,中层管理人员应提前 2 年招聘到位,基层管理人员、高级技术(专业、生产)骨干应提前 1.5 年招聘到位,中级技术(专业、生产)人员应提前 1 年招聘到位,其他人员按照提前 3 ~6 个月的标准组织招聘到位。重点考虑专业性强、招聘竞争较为激烈的一线维修岗位人员的学校订单(委培)招聘培养。需求量大、实操性强、培养周期长的乘务和值班员以上站务岗位的送外招聘培养。

储备人才要采用社会招聘、订单招聘和大中专毕业生招聘三种招聘方式。

1. 社会招聘

(1)主要招聘有足够相关工作和管理经验的管理人员,用于担任基层以上的管理职务。

(2)主要招聘技术过硬、有足够工作经验的专业技术人员,用于担任工程师及以上的技术岗位。

(3)招聘部分有相关工作经验的人员,作为生产岗位的补充,如工班长、调度、客车司机、工程车司机、值班员和各类中高级检修工生产岗位。

(4)社会招聘的比例控制在总员工数的 20% ~ 40%,如采用会招难度较大,建议采取提前 1 ~2 年的时间招聘优秀的大学生送外培训的方式予以补充。

2. 订单招聘

订单培养是一种培养和招聘相结合的新模式,主要分为全订单和订单两种,可根据人员需求和招聘培训实际,选用全订单、半订单或两者相结合的方式,来招聘和培训生产一线的员工。

全订单模式相当于委培,即根据各岗位(工种)的人员需求,向订单院校提供招生条件,并按企业的要求进行教学和管理,在学员毕业前 1 年或 0.5 年,与校方共同合作,根据具体要求组织现场实习、培训和考核验收。

半订单模式是各院校学生在毕业前 1 年或 0.5 年时,从学校选录优秀学员,按专业组班,并要求校方根据具体的培养方案,共同组织现场实习、培训和考核验收。

3. 大中专毕业生招聘

大中专毕业生招聘分为大学本科毕业生招聘和大专(中专)毕业生。大学本科毕业生招聘主要用于职能和技术类岗位人员的招聘，大专（中专）毕业生招聘主要用于生产维修和服务作业的一线员工的招聘。

对生产岗位员工，可采用订单、应届毕业生招聘和社会招聘相结合的方式进行。各种招聘占相应岗位需求的比例为：维修系列社会招聘占20%～40%，订单招聘占60%～80%，其中应届毕业生招聘占20%～30%；乘务和站务系列可按订单40%、应届30%、社会30%的比例招聘。

2.2.5　人力资源培训

1. 培训制度

（1）持证上岗。

① 三级安全教育证。根据国家安全监察管理部门的规定，安全培训非常重要，建议在企业范围内进行三级安全教育，实行分级负责制，即企业、部门（中心）和车间（分部）级安全培训，并依托企业建立安全（员）网络，推进安全培训工作。

② 岗位合格证。员工上岗培训合格后，由培训部门负责组织考核、颁发岗位合格证，实行生产岗位人员持证上岗制度。

③ 安全合格证。企业内部可认定与行车安全密切相关的工种为企业级的特殊工种，并按特殊工种的要求由培训部门负责组织开展培训、授证、年审工作。比如，供电安全等级证等。

④ 特种作业操作证。培训部门负责组织管理，由国家安全监察管理部门培训、授证及年审。比如，电工操作证、电梯操作证等。

（2）岗位资格认证。

岗位资格认证制度主要适用于生产服务岗位，如站务员、值班员检修工等岗位，实行岗位资格认证制度的根本目的在于评聘分开，资格认证主要从理论、实操、业绩（行为表现）等方面进行。

（3）职称（技术等级）评审。

职称（技术等级）评审适用于所有员工，符合国家有关规定即可申报。一般来说，职称（技术等级）已经作为企事业单位岗位任职条件之一，实行职称（技术等级）评聘分开，结合岗位晋升制度，推进职称（技术等级）评审工作。

（4）培训激励与考核。

员工参加培训前，制定一套各层级培训的考核机制，以提高员工的学习积极性。

① 培训的考试成绩、表现、培训的持证情况、培训的总结等，与是否任用员工挂钩，甚至与聘用的岗位级别挂钩。

② 与员工签订培训协议，使员工的利益与培训经费挂钩。

③ 建立员工培训档案，与员工以后的晋升挂钩。

2. 培训组织

（1）送外培训组织。

送外培训主要针对关键的管理、技术和生产岗位，送外培训人数控制在相应岗位（或工种）的20%左右，送外培训人员回到企业后负责组织其他员工的培训。

社会招聘的其他岗位，可根据实际情况组织短期外出参观考察和订单和应届大中专毕业生的培训主要针对生产岗位，因对象无工作经验，可按照培训周期送外培训。

因生产岗位需要持证上岗，在送外培训期间，培训对象应取得相应上岗证和安全证，以免给正式运营带来影响。

(2)订单培训。

选择具有一定教学优势的院校或专业进行订单培养,其人员和综合素质具有较高的稳定性,是企业引进新员工的主要途径。而且采用全订单模式(相当于委培)的企业在学校招生时就开始介入培养工作,全程监控。3年制大专分为"2+1"或"2.5+0.5"模式,即在校理论培训2(或2.5)年,由校方负责组织实习1(或0.5)年;采用半订单模式的企业仅在学生毕业前1(或0.5)年介入,由企业到校选录学员,并按企业的培养目标,负责安排学员的实习。订单培训周期及离校时间:客车司机一般为12个月,站务员一般为3个月,维修类技工一般为6个月。

2.3 物资筹备

2.3.1 物资筹备概述

城市轨道交通运营的特殊性,决定了其物资供应与其他企业在物资管理上存在很大的差别,因而其物资筹备也与其他企业也有很大差异性。城市轨道交通运营物资的管理,首要是要做好人、财、物、仓库、信息管理系统的规划,其次是在物资上要保证轨道交通的安全运营,降低物资的采购成本,因此轨道交通运营物资的筹备也应当以此为中心展开管理工作。

1. 物资筹备的目标

城市轨道交通运营物资筹备的目标是优质服务、降低成本、保障供应,确保轨道交通运营筹备战略目标的实现。

2. 物资筹备的任务

轨道交通运营物资筹备的任务是从组织保证、资金保证、技术保证、人员保证出发,运用现代化物流供应链管理技术及现代信息系统和信息技术,充分运用市场,开拓供应商,合理地组织物资采购活动,以最低的成本、合适的价格、合格的物资,保障运营筹备生产的供给。它的基本任务如下:

(1)确立物资筹备所需项目范围、种类、数量及到位时间,落实采购资金预算总量、来源等情况。

(2)合理编制采购资金使用计划,编制符合运营筹备需要的物资采购计划。

(3)根据采购计划合理组织采购活动,针对不同物资种类、资金大小、数量的多少、市场化程度的高低以及政策的规定来确定一定的采购模式,实现高效、低成本地采购。

(4)合理组织到货物资的质量、数量验收,以及入库存储、出库发放、配送供应等活动。

2.3.2 物资筹备主要工作内容

运营筹备期间,物资筹备主要以运营筹备的目标和任务为指导,制定出运营物资筹备的目标和任务。原则上运营物资需在开通前3个月到货。依据目标和任务,需做好以下几项工作:

1. 综合计划筹备管理

(1)建立和完善物资筹备管理的各项规章制度、工作流程,明确各工作流程的接口与职责。

(2)明确物资筹备采购资金总预算的来源、资金量、使用范围等,依据资金总预算,结合实际,做好预算分解工作并下达预算实施计划。

(3)根据筹备物资到位的时间及重要性,结合采购周期,合理安排和组织,及时下达采购计划。

(4)运用信息系统和信息技术对物资数据库进行全方位的管理,做好采购计划,以及在途物资、到货物资的管理与控制。

2. 物资采购筹备管理

(1)编制采购操作实施计划,按公开招标、邀请招标、网上公开比价或书面比价、特殊谈判(指独家生产的专项物资)等不同的采购模式编制。

(2)依据采购操作实施计划,组织开展采购活动。

(3)做好市场调查、开拓供应商渠道,了解并控制采购成本。

(4)做好采购物资不合格品的质量控制,遇到问题及时与供应商协商解决。

3. 物资库存筹备管理

主要是做好新线备件接管和筹备物资到货验收工作。到货物资经验收合格后及时发放给使用部门,对入库物资进行妥善保管,保持良好状态。

通过计划、采购、库存管理三方面的科学管理,从服务、成本、供应三个目标确保运营筹备物资的供应到位,满足运营筹备目标的实现。

2.3.3 物资筹备管理

1. 综合计划筹备管理

根据轨道交通运营的特殊性,在运营筹备期间,物资筹备的计划准备首先是对轨道交通运营时所需物资进行分类与整理,形成一个初步标准,以进行专业化的管理与统筹。轨道交通运营筹备物资类别主要有车辆、通信、信号、供电、机电、工建线路、房建、自动售检票系统等备件、材料、低值易耗品、办公用品、计算机配件、劳保用品及制服、工器具等。其次是在物资分类的基础上进行市场调研,根据筹备物资的重要性,结合采购的周期,在不同时段分别下达计划。再次,要做好物资的追踪与反馈,以及各个时期的预算与资金的统筹分配。

2. 物资采购筹备管理

(1)新线采购工作的特点与重点。

随着轨道交通新线的不断建成,运营物资采购由单线少量的物资采购过渡到几条线路同时运营的情况,运营总里程长,且各条线路上运营的轨道交通车辆、信号各不相同,维修管理难度增大,对运营物资的采购管理要求不断提高,采购工作经受考验。

(2)建立相应的新线采购模式。

① 单线运营采购模式。单线运营模式下,运营物资需求量相对较小,可采用人工比价、竞争性谈判、邀请比价、直接谈判、邀请招标、公开招标的方式实施采购。

② 线网形成后的采购模式。针对多线开通需求,实施采购管理集成。利用不同物资采购方式在不同阶段的优势、特点,实现整体采购方式的最佳组合,采购部门应在遵守法律法规、运营单位规定的前提下,利用合理的操作方式,以提高采购效率。

③ 信息化管理。随着新线的筹备接管,物资采购的需求量逐步增大,为提高效能,物资筹备应充分运用电子技术、网络信息技术来提高采购效率。

④ 供应商管理。运营物资筹备对供应商管理应全程跟踪,通过对供货全过程信息的了解,保证对供应商的全面、合理评价,从而能够为供应商的公开招标、比价选拔提供全面的信息支

持。考核评价全面推动对运营物资供应商的量化考核，通过考核实现供应绩效的整体提升，优化运营物资供应商结构。

3. 物资库存筹备管理

对新线物资库存筹备管理主要是做好三方面工作。一是做好新线物资仓库的规划设计，以及仓库接管完善工作，保证功能齐备；二是做好新线建设合同（随车）备件的验收接管工作；三是做好物资的入库验收和出库工作，要有清晰的验收和出入库流程，做好物资的保存与管理工作。

2.4 后勤保障筹备

后勤保障一般分为三个方面：一是思想保障，其要点是对人员的需求期望值进行评估，并给予引导，将人员的需求期望值限定在一个合理的范围内，对企业而言就是向企业员工表明物质保障的程度；二是金钱保障，主要由员工的福利待遇决定；三是物资保障。后勤保障的核心是对用于后勤工作的人、财、物进行组织的一种行为，表现的结果就是对人员提供衣、食、住、行的保障，是人员需求期望值、收入及实物供应的综合结果。

城市轨道交通运营企业的后勤保障筹备工作就是在企业战略的统一指导下，为一线员工提供适度的衣、食、住、行及办公环境等保障，从而推进城市轨道交通运营企业高效有序运转。它不仅包括传统的衣、食、住行保障，还包括绿化、办公家具、办公用房、通信等一系列保障工作。

2.4.1 后勤保障筹备的任务和目标

1. 后勤保障筹备的任务

要做好后勤保障筹备工作，在思想上，要认识后勤保障的特点范围、内容、程度和标准；在组织上，要确立后勤保障的体系，即专业保障队伍与兼职保障队伍相结合；在人员上，要选配综合素质高，执行力强，能够独当一面的基层管理人员；在行为上，要以规章制度为基础，以满足一线需求为要点；在设备设施上，要以专业化生产的概念组织场地、设备设施的设计规划和建设；在实施中，要注重新线开通前、开通和开通后正常运营三个不同阶段的后勤保障的特点。

2. 后勤保障筹备工作的特点

一是点多、线长、面宽、安全要求严格。点多是其工作地点分布在各站点每一个有员工到达的地方；线长是其工作范围与城市轨道交通线路的长度相一致；面宽是涉及的专业很多；安全要求严格是食品安全、财务安全、行车安全的要求比较高，不能出现任何差错。

二是琐碎、长期、组织工作繁杂。琐碎是指每个单独的工作科技含量不高，更多的是靠经验积累；长期是指每项工作都必须长期坚持，不能松懈；组织繁杂是指许多琐碎的、不相统属的工作集合后，使组织工作难度增大，增加了组织上的复杂性。

3. 后勤保障筹备工作的目标

后勤保障筹备为运营筹备工作提供和保证必要的物资条件，是运营筹备工作中一项相当复杂、繁重而又必不可少的工作。建立科学、规范、有效的后勤保障筹备方式，是履行后勤保障筹备职能、提高后勤保障管理效率的根本保证。要按照市场经济要求，坚持优化后勤筹备资源配置、提高资金效益、促进国有资产有效运营的原则，逐步建立集中统一的集约化、专业化、社会化后勤保障方式。

2.4.2 后勤保障筹备工作

在城市轨道交通运营企业整体战略指导下，后勤保障的水平，往往取决于对后勤保障的认识程度、组织能力和资金的投入力度。后勤保障是一个系统工程，与每个员工切身利益密切相关，因此要重视此项工作。各部门应有一名领导分管后勤工作，各部门综合室应是该部门后勤工作执行单位，由此将整个组织的思想引导和物质关怀分解到每个员工身上。

后勤保障筹备可采取多种管理方式。例如，可委外承包，也可自主经营，市场环境成熟的还可依赖社会化保障等。但无论采用哪种管理方式，都需要对其进行安全、持续、经济、高效的管理。

1. 后勤保障的范围、程度和标准

后勤保障的范围、程度、标准的确定，应在企业整体战略的指导下，吸取一线工作人员的意见，并在对今后各工作站点及周边环境做出现场调查的基础上，区分社会化保障部分和企业提供的保障部分，从而确定企业后勤保障战略。

后勤保障范围按实际情况而定，员工集约程度不高，社会化保障条件好的，不提供保障；员工集约程度不高，社会化保障条件不好的，视实际情况提供保障；员工集约程度高，社会化保障条件好的，不提供保障；员工集约程度高，社会化保障条件不好的，必须提供企业保障。后勤保障程度依据社会化保障条件的不同，提供有限度的企业保障。后勤保障标准依据工作环境的变化，制订相应的衣、食、住、行配置标准，如高架站配置防寒大衣等。城市轨道交通运营企业一般可采用问卷调查、研讨会、现场调研等方式整合信息，明确后勤保障范围、保障程度、保障标准，并制订相应物资采购计划。

2. 后勤保障组织架构和人员配置

后勤保障工作比较繁重，需要配置大量员工，必须建立相应的组织架构。单线运作时，可成立后勤保障部门；而在线网运作时，可根据线网线路的规模，成立后勤保障中心。

3. 后勤保障管理制度体系

后勤保障与员工的生活息息相关，但在运作上，属于集体的有组织的生产活动，因此，必须将其整合起来，制订相应的管理制度，对每个员工的工作作出规定，形成合力。后勤保障筹备期间，应前瞻性地制订完善的后勤管理制度，为试运营开通后的后勤管理打下坚实的基础。

4. 后勤保障设备设施的设计规划

后勤保障设备设施的设计规划在这里主要是指在设备设施施工前，使用单位提前向设计单位提出具体要求和期望，这种要求和期望越详细越具体越有利于资源的综合整合，建成后期使用效率越高。

后勤保障各专业设备设施的设计规划是后勤保障筹备工作的重要职能，专业设计人员将后勤保障设备设施的功能和建筑式样完整地表述出来，在符合安全规范的前提下，通过设计部门变成可以在建筑中操作的图样。但是在设计过程中，功能需求、安全规范、资金投入等方面会产生一系列矛盾，这就需要从事后勤保障专业的人员与专业设计人员不停地协调沟通，以求获得最佳方案。

5. 后勤保障设备设施的验收与接管

当设计图样通过后，设备设施进入施工阶段，由于种种原因设备设施的建设或多或少会出现一些不尽如人意的地方，这需要使用单位不停地与建设单位协调沟通，尽量在施工中完善其建设。在设备设施建成后，其验收是后勤保障各专业负责人尤其要注意的问题，验收的严格与宽松直接影响到今后的工作效率与工作质量，因此，后勤保障各专业负责人应熟悉相关的专业业务知识，提高验收质量。

在验收接管的同时，后勤保障筹备人员应完成下列事项：收集建设信息，整合建设信息，形成管理信息，如房产信息、周边环境信息、进驻单位信息等；全面接管设备设施，建立接管台账，对功能不合设计要求的设备设施记录在案，限期整改，如食堂设施、汽车养护设施、公寓设施、绿化设施、会议设施、办公设施、医疗设施等；注重内部规章制度的学习和执行，如公布管理区域内公共设施、设备的管理办法；理顺食品等每日需求物资的采购渠道：依据管理职能，明确卫生、绿化的实际操作合同单位，同时将日常管理责任分解到进驻单位；尽早与卫生、环保等相关政府管理部门沟通，请他们尽快提出整改意见。

6. 试运营开通前的后勤保障

开通前，整个城市轨道交通的建设工作基本就绪，验收和接管相关工作的运营人员已基本到位，相应的衣、食、住、行需求同时产生。但是，相应的后勤保障设施还不能全部投入使用，因此保障工作的难度较大，这时要充分挖掘后勤保障部门的现有潜力，合理利用社会资源，尽力为一线员工提供保障。同时与保障需求部门沟通，调动保障需求部门的工作积极性，克服困难，尽量减少需求部门对保障程度的不满。

复习思考题

1. 运营筹备启动期的筹备工作的特点是什么？需要成立哪些专业小组？
2. 简述运营企业组织架构的事业部运作模式和公司运作模式两种形式的特点。
3. 简述城市轨道交通企业人力资源体系的特点。
4. 城市轨道交通物资筹备的基本任务有哪些？
5. 城市轨道交通物资筹备的主要工作内容包含哪几方面？
6. 后勤保障筹备工作的特点是什么？
7. 全自动运行线路筹备工作组织重点都有哪些？

第3章

新线调试与验收

学习目标

1. 掌握城市轨道交通新线调试的基本流程；
2. 熟悉综合联调组织结构和工作内容；
3. 了解全自动运行系统功能测试验证；
4. 熟悉城市轨道交通建设各环节工程验收标准和流程；
5. 了解试运行的工作目标和内容；
6. 熟悉试运行工作安排和阶段；
7. 了解初期运营前安全评估标准条件和评估组织实施。

调试是城市轨道交通工程建设阶段向试运行阶段协调、有序过渡的关键环节，是实现城市轨道交通的建设目标的措施，通过调试可以检验各系统是否达到设计标准以及是否达到合同中规定的各项性能指标，确定全系统的最佳匹配，为城市轨道交通的顺利开通和良好运营奠定坚实的基础。

3.1 城市轨道交通新线调试

通过各阶段各类型的调试，可以实现各设备系统设计标准以及合同中规定的各项性能指标，实现各系统之间的相互匹配、相互协调的功能及各系统之间的相互保护功能。同时对调试过程中暴露存在的问题，及时对各系统的技术参数进行调整与修改，使其满足试运行的实际需要。运营人员也可以通过参与调试提前熟悉线路、设备的技术参数、设计标准、操作方法和注意事项，为下一步工程进入试运行及开通试运营做好准备。

3.1.1 调试主要内容

调试按照项目进度分为以下三种类型，新线调试流程示意图如图3-1所示。

图3-1 新线调试流程示意图

1. 单体(系统)设备调试

单体(系统)设备调试指设备在未安装时或安装工作结束而未与系统连接时,按照建设施工及验收技术规范的要求,为确认其是否符合标准和满足实际使用条件而进行的单机试运或单体调试工作。

单体(系统)设备调试范围包括轨道工程、接触网、车辆及牵引系统、车辆段设备及牵引系统、供电系统(35 kV 供电系统、动力照明)、通信系统、信号系统、综合监控[火灾自动报警系统(fire alarm system,FAS)、环境与设备监控系统(building automation system,BAS)、数据采集与监视控制系统(supervisory control and data acquisition,SCADA)]、安防系统(列车安防、电视监控、报警、门禁等)、乘客信息系统、站台门系统、电扶梯、自动售检票系统(automatic fare collection,AFC)、环控系统、给排水(含水消防)、消防(感温光纤、气体灭火)、导向标志等单体(系统)设备的调试。

单体(系统)设备调试由建设单位组织,设备供应商和承包商具体实施,监理单位负责单系统调试阶段的监理工作,运营单位参与并介入。

2. 冷滑试验和热滑试验

《城市轨道交通建设项目管理规范》(GB 50722—2011)明确规定:"在与列车运行有关的系统联调开始前,必须完成行车相关区段轨道系统、供电系统初验、冷滑试验和热滑试验。试验合格后,方可进行与列车运行有关的系统联调。"

冷滑实验就是在接触网(或接触轨)不受电的情况下,通过电力机车受电弓的滑行,对接触网(接触轨)进行动态试验检查。

热滑试验是在轨道交通运营线路送电的情况下,依靠轨道交通试验列车自行运行,对轨道交通供电、信号、通信、线路、机电、车辆等系统设备进行全面检测的一种试验方式。

轨道交通的冷滑和热滑都是对接触网(接触轨)进行动态试验检查,确认实际参数是否满足设计和验收标准,为接触网(接触轨)送电等其他工作消除质量和安全隐患。

3. 综合联调

在单体(系统)安装调试及冷滑热滑调试完成后,需要对轨道交通设备系统统一进行设备联调,主要是对轨道交通设备、设施系统进行接口测试和设备系统的联动试验。设备联调的总目的是使设备、人员、制度、管理的机与机、人与机、人与人之间形成一个有机的轨道交通设备运作体系,满足轨道交通运营的需要,保证轨道交通的正常、安全运营。建设单位是调试主体责任方。综合联调为期最少 3 个月,是调试阶段最主要的工作。

综合联调需满足以下条件方可开始:

(1)全线所有主变、牵引变正常运行,实现全线送电。

(2)正线及车辆段线路、道岔投入使用,完成限界整改。

(3)正线及车辆段接触网热滑完成。

(4)通信系统完成安装和调试,具备全线无线、有线对全线信号及列车调试的通信和指挥条件。

(5)具有进行信号全线动态信号调试列车。

(6)信号系统的主要设备安装完工,轨旁及 OCC 传输系统正常,道岔可以正常工作,车站和 OCC 的占用显示工作正常。

(7)车站环控设施、排水工程、消防、防烟防毒设施、通风、空调、采暖系统具备正常工作条件。

(8)综合监控系统完成本系统调试。

车辆段主建筑(停车库、检修库或临修库、不落轮旋床库、备品库等)及水处理设施、调车和救援车设施、架车台位等用于车辆停放、调试、临时修理和紧急救援的设施设备基本具备使用条件,可以应急工作。

3.1.2　综合联调

综合联调可以帮助运营人员迅速熟悉系统和设备及其操作,有利于运营方安全、顺利、平稳地接管线路和设备,同时帮助建设单位发现问题并督促责任单位在开通试运营前完成落实整改。综合联调评估报告,也是在试运营基本条件评审时帮助专家判断系统是否满足运营需求和运营后的安全的重要依据,是试运营评审的重要审查内容。

1. 常见综合联调组织方式

(1)自主结合专家咨询。

建设单位自行负责对联调项目进行项目策划、组织实施、项目总结,完成设备联调工作。专家对联调项目的各项工作提供建议和咨询意见。这种方式有利于轨道交通企业培养自己的筹备组织和联调人才,适合城市轨道交通线网规模较大、持续发展较长的新线建设。

(2)联调项目技术咨询。

咨询单位对联调项目负责,包括项目策划、组织实施、项目总结。项目实施中对关键程序、岗位进行工作监护、指导,对建立项目的质量、进度、安全保证体系负责。业主负责统筹,相关部门、咨询单位密切配合,共同完成联调项目。采用技术咨询方式可以充分保证进度,可以直接应用咨询单位的经验和优势,适合于城市轨道交通规划线路较少的新线建设。

(3)轨道交通运行代为开通。

轨道交通运行代开通单位对全线开通负完全责任,派驻运行管理、行车指挥、设备操作等关键工作岗位,进行设备联调、空载试运行的策划、准备、实施,并制订轨道交通开通试运营的对接、过渡方案,与业主共同实施,保证业主顺利进行开通载客试运营。代为开通多应用于政府和社会资本合作(public-private partnership,PPP)项目,由投资单位委托建设和运营机构负责。

2. 综合联调组织结构

虽然城市轨道交通经营管理模式可能不同,但由于综合联调和演练在运营筹备期特殊的功能定位,均应由城市轨道交通运营单位牵头组织,建设单位、各系统设计和施工单位、各系统设备供货商和集成商等共同参与配合实施。

具体执行过程中采用项目负责制管理,统一指挥,分级管理,有组织、有计划地开展各项工作,如图3-2所示。

参与综合联调、演练的单位及各重要岗位的职责和人员组成如下:

(1)运营单位:负责牵头组织编制综合联调及演练方案;牵头组织并作为实施主体开展综合联调和演练各项工作。

(2)建设单位:组织完成综合联调和演练前各系统设备设施的安装及调试工作,使各设备系统状态及功能满足综合联调和演练开展的前提条件要求;参加并负责组织各施工单位、设计单位、供货商、系统集成商参加各系统综合联调和演练工作,并按现场实际情况及时协调供货商、集成商及设计单位解决综合联调和演练中发现的问题;参加各综合联调和演练项目组组织的总结评估工作;参加综合联调和演练工作组组织的各新线总结评估工作。

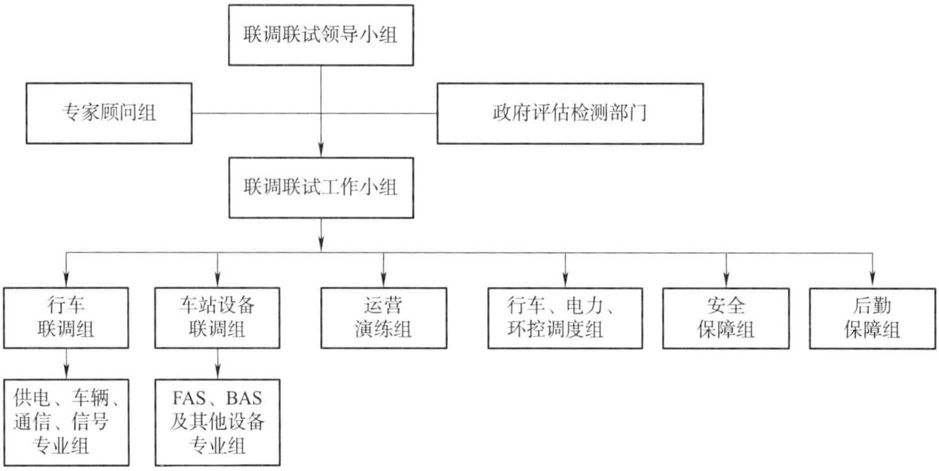

图 3-2　综合联调组织结构图

(3)各系统设备设计单位、供货商、集成商、施工单位:根据合同条款要求,作为综合联调和演练项目组成员参加各系统综合联调和演练工作,及时解决发现的相关问题,参加项目组组织的总结评估工作。

(4)综合联调及演练领导组:负责综合联调和演练方案的确定和审批重点工作的部署和跟进,综合联调和演练实施计划的检查和督导,重要阶段成果的审批,实施过程中相关工作的协调等。根据其职责定位,综合联调和演练领导组组长通常应由有权力调动建设、运营、技术管理决策等各方面资源,在城市轨道交通企业中具体分管运营筹备业务的副总经理担任,组员则由建设、运营、设计及技术管理单位的一把手组成,以满足综合联调和演练过程中重大问题快速协调决策的要求。

(5)综合联调及演练工作组:在综合联调和演练领导组的领导下组织开展各项综合联调和演练工作;组织编制、审定综合联调和演练方案及计划组织实施各项综合联调和演练工作;协调轨道交通企业下属各单位之间有关综合联调和演练工作事宜;组织各项目组进行新线综合联调和演练总结评估。根据其职责定位,综合联调和演练工作组组长通常应由运营单位具体分管设备系统维修及管理工作的副总经理担任,组员则应由建设单位分管设备系统管理的副总经理、运营单位分管运营运作的副总经理组成,根据各城市轨道交通企业的组织架构情况及具体的需要还可安排设计单位主管机电设备系统的副总经理和企业技术管理决策、安全管理部门的负责人参与。

(6)策划调度组:在综合联调和演练工作组的领导下具体组织开展各项工作;具体策划各新线综合联调和演练方案和计划;具体协调各综合联调和演练方案的实施;具体负责综合联调和演练期间的人员、时间、空间及车辆等资源的总体调配工作;负责发布综合联调和演练实施命令;负责监督落实综合联调及演练的总结评估工作。策划调度组成员通常来自城市轨道交通企业为新线筹备工作专设的管理组织。根据各企业新线建设规划规模的不同,为新线筹备工作专设的管理组织可设置为临时性的组织或较为长久的组织形式。

(7)后勤组:负责综合联调及演练期间的后勤保障;按策划调度组的要求统一调度汽车,按时接送综合联调和演练人员;按综合联调和演练项目组的要求提供膳食及公寓保障。后勤组通常由城市轨道交通企业的综合部门或运营单位的综合部门人员组成，具体根据各城市轨道交通企业组织架构设置的差异略有不同。

(8)综合联调及演练项目组总指挥：全面负责所辖综合联调及演练项目管理，包括实施前的准备、实施过程组织、综合联调和演练令的传达以及后勤保障的协调等，具体负责所辖综合联调和演练项目的总体指挥、调度和管理，下达综合联调及演练开始、中止、结束命令。综合联调及演练项目组总指挥通常应由城市轨道交通企业运营单位中具备设备系统综合联调和演练经验，并对运营运作较为熟悉，对综合联调和演练项目内容熟悉，对相关设备系统了解，并在运营单位内担任部门经理及类似职务的人员担任，以方便进行综合联调和演练涉及的各相关事务的协调。

(9)综合联调及演练项目组副总指挥：负责协助、配合总指挥进行各项工作，及时协调解决综合联调和演练中发现的各种问题。综合联调和演练项目组副总指挥根据综合联调和演练项目实际需要设置，可选择运营及建设单位内担任部门副经理及类似职务的人员担任，其他要求及条件同综合联调和演练项目组总指挥。

(10)综合联调和演练项目组现场指挥：在项目总指挥、副总指挥的领导下，负责所辖综合联调和演练方案实施过程中的现场指挥、调度、协调和组织管理，并在综合联调和演练结束后，牵头组织项目工作组组员对方案执行情况进行总结和评估。综合联调和演练项目组现场指挥通常由城市轨道交通企业运营单位中具备设备系统综合联调和演练经验，对运营运作较为熟悉，对综合联调和演练项目内容熟悉，对相关设备系统及设备系统现场情况最为了解的专业技术骨干担任。

(11)综合联调和演练项目组组员：负责按照经综合联调及演练领导组审定的综合联调和演练方案内容及步骤要求，在现场指挥的直接指挥下参加所辖综合联调和演练方案的具体实施、总结评估工作，记录、汇总、分析综合联调和演练测试数据，协助解决在综合联调及演练中发现的问题。综合联调和演练项目组成员通常由运营单位设备系统维修技术人员、维修生产岗位人员、运营运作管理人员、运作生产岗位人员、建设单位设备系统管理技术人员、设计人员、施工单位人员及供货商、设备系统集成商组成。

3. 综合联调主要工作内容

(1)调试主要工作内容。

综合联调的组成由城市轨道交通内设备系统的配置及功能设置情况决定，需覆盖城市轨道交通内存在接口关系的所有设备系统。根据目前国际国内城市轨道交通总体设备系统配置情况，城市轨道交通综合联调依其目的、性质主要分为接口功能测试和系统能力测试两大类工作，主要由建设单位组织。

① 接口功能测试类。主要对城市轨道交通内系统设备间接口内容（见图3-3）进行测试，验证系统间接口功能的实现情况，包括：

a. 供电、火灾报警、自动售检票、环境与设备监控、广播、视频监控、信号、通信、站台门、门禁、乘客信息等系统与综合监控系统（integrated supervision and control system，ISCS）的接口调试。

b. 通风、动力照明、消防水、自动售检票、电（扶）梯、环境与设备监控、门禁、乘客信息等系统与火灾报警系统的接口调试。

c. 供电、信号、站台门、无线通信、乘客信息等系统与列车运行自动监控系统（automatic

train supervision,ATS)有关的接口调试。

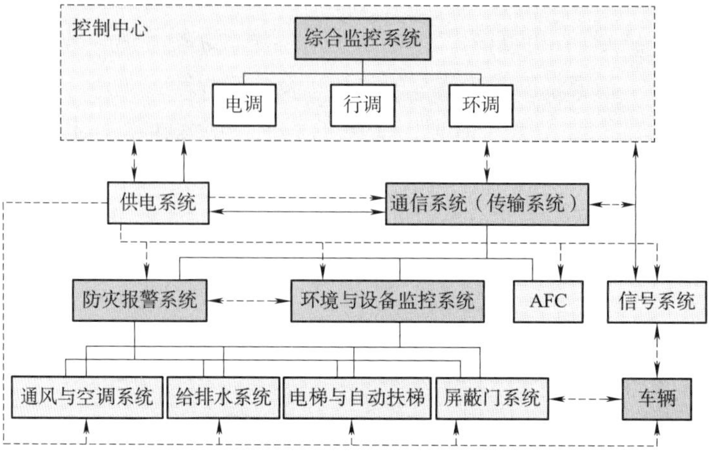

图 3-3　设备(系统)之间的接口相互关系示意图

② 系统能力测试类。主要对城市轨道交通内重要设备系统的极限能力进行测试,验证设备系统实现设计要求的极限能力的状况,包括:

a. 弱电系统抗干扰综合测试。

b. 供电系统满负荷测试。

c. 牵引供电系统各种运行模式测试。

d. 综合监控系统“雪崩”功能测试。

e. 列车高密度运行能力综合测试等。

涉及轮轨关系、弓网关系、信号防护、防灾联动等关键性的系统联调工作运营单位应全面参与。

(2)演练主要工作内容。

综合联调期间开展的演练,是通过模拟运营过程中各种正常及可能出现的紧急情况,检验为开通试运营编制的各种运营组织方案和应急预案的科学性、合理性及可行性并加以改进,同时加强并改进各运作岗位、维修岗位线各设备设施系统正常及紧急情况下的应用能力。结合新线设备设施系统设置情况,兼顾运营筹备期设备系统安装调试完成情况安排。根据目前国际国内城市轨道交通设备系统整体配置情况,综合联调演练依其目的及性质主要分为以下三类:

① 运营组织方案演练类。主要对为开通运营编制的各种运营组织方案进行演练,检验运营组织方案的可行性、科学性及合理性,包括:

a. 运营时刻表演练。

b. 票务联合演练。

c. 信号故障降级运营演练等。

② 应急预案演练类。主要对为开通运营编制的各种应急预案进行演练,检验应急预案的合理性、科学性及实效性,包括:

a. 大客流演练。

b. 公交接驳演练。

c. 车站火灾演练。

d. 区间列车爆炸(火灾)演练。

e. 大面积停电演练。

f. 屏蔽门故障演练。

g. 防淹门故障演练。

h. 列车在区间故障救援演练。

i. 水淹道床应急演练。

j. 接触网(轨)有异物的应急处理演练等。

③ 重要设备设施故障抢修演练类。主要对重要设备设施故障抢修预案进行演练,验证重要设备设施故障抢修预案的合理性、科学性及实效性,包括:

a. 接触网事故演练。

b. 供电系统故障演练。

c. 牵引供电故障实施跨区供电演练。

d. 钢轨伤损及折断处理演练。

e. 线路挤岔事故演练。

f. 地面无缝线路高温胀轨处理演练。

g. 道床起拱事故演练。

h. 车辆故障处理演练等。

演练的安排应根据运营筹备期设备设施系统功能的实现状况,运营运作人员、维修人员对设备设施系统以及对运营管理工作的熟悉情况来具体安排。对于大多数城市轨道交通运营单位而言,在新线开通运营筹备期,抢修机具配备及人员培训等均未达到满足部分大型设备故障抢修演练的要求,因此,在新线开通运营初期也可考虑借助供应商和施工单位的力量对设备设施系统进行维护管理,对城市轨道交通相关人员进行带教培训,但相关事故预想及方案演练建议在运营筹备期内编制,必要时可请求有运营经验的同行辅助。

4. 综合联调和演练计划编制

“用兵之道,以计为首。”计划在项目管理中占有最重要的地位,是整个项目管理的龙头,计划工作的好坏直接影响到项目能否顺利实施。由于项目的其他管理工作都是围绕着如何实现项目总进度计划所制定目标而展开的,因此,是否有一个全面、优质的进度计划成为项目成功的关键。

编制出一个计划也许并不难,但要编制出一个切实可行、科学合理的详尽计划并非易事。运营单位应在综合联调和演练工作组下设专门的组织机构,如前述策划调度组,进行综合联调和演练计划的编制及计划的跟踪、实施、审查与更新控制,综合联调和演练工作组的负责人应直接参与综合联调和演练计划的编制过程,并最终对计划审核把关。

综合联调和演练计划编制人员在计划编制过程中,首先应结合综合联调及演练子方案中的前提条件、时间要求及调试内容等进行编制,并随时与子方案编制单位进行沟通协调,以弥补计划编制人员在专业知识方面的欠缺。因此,综合联调及演练计划的编制绝不是企业个别部门或几个计划人员的事。

编制的综合联调和演练计划只有全面、详尽、可行,才能具有很好的指导意义。计划编制过程可以看作“纸上谈兵”,也可以说是项目的一次模拟演练。详细的计划可以让综合联调及演练工作组比较早地考虑项目方方面面的情况，在技术、方法、手段方面提前运筹帷幄，不至于顾此失彼。另外，一个好的计划，能够最大限度地调动企业内部的各种资源，并且使这些资源通常保持在均衡使用的水平下。在城市轨道新线开通任务较重、综合联调和演练时间非常紧时，计划的作用将更加明显。

城市轨道综合联调和演练计划在编制过程中应遵循如下原则：

（1）整合资源、统筹规划、灵活合理地安排各项综合联调和演练计划。

（2）依据运营单位与建设单位确定的“三权”接管时间以及各系统设备现状功能条件，按分期、分段、分批、分级形式编制计划。

（3）根据实际工作需要制定制度，以不大于周的周期作为计划的更新周期。

（4）遵从“先综调，后演练”的总体原则。

（5）为保证影响开通运营的问题能在开通运营前及时发现并得到整改，综合联调和演练在条件允许的前提下，应尽早开展，以争取整改调整的时间，保证新线高水平的开通。

（6）在开通任务较重，综合联调和演练时间较紧的情况下，为提高时间空间及人力等资源的利用率，可以线路和车站两大调试区域为主线，将综合联调及演练项目分为需电客车配合及不需电客车配合两大类，根据项目之间的相关性采用多项目、同一时间平行作业模式编制综合联调和演练计划。

（7）鉴于目前国家相关标准规定试运行时间不少于 3 个月，应考虑预留 3 个月试运行演练时间。

5. 综合联调和演练实施

综合联调和演练计划的实施是过程管理理论 PDCA［计划（plan）、执行（do）、检查（check）、处理（act）］循环动态控制原理中的执行部分。

为了保证执行的切实高效，应注意以下两个方面：一是项目管理者自身重视执行；二是项目成员正确理解执行。这两个方面相辅相成，缺一不可。具体在综合联调和演练执行工作中，应注意在执行前、中、后期的严格管理和控制。

执行前，由各综合联调和演练子项目总指挥牵头组织项目组成员进行方案学习、动员，做好技术交底工作，将方案要求、操作步骤和安全事项灌输到每个参与人员的行为意识中，保证综合联调和演练工作高标准起步、高质量推进。

执行过程中，项目总指挥亲临现场，进行全过程、全方位的督导指挥，协调解决问题，努力形成自上到下、自建设到运营、齐心协力、步调一致、协调运作的整体，保证各项目工作高效、有序地开展。

执行后，系统总结跟踪问题整改。按照方案要求，综合联调或演练结束后，由总指挥召集项目工作组组员对方案执行情况进行总结评估，分析问题原因，提出整改措施及计划，跟踪整改结果，根据问题整改计划和结果及时组织安排进一步的补充测试。

执行其实是一个人与人之间相互沟通协作的复杂的处理过程。为了确保工作的正确落实，不偏离、不变形，需要项目成员的及时反馈和管理者的跟进监督，并随时根据实际情况的变化进行调整，才能保证执行的有效性。

跟进是执行的核心所在，所有善于执行的项目管理者都会带着满腔的热情来跟进自己所制订的计划。跟进能够确保项目成员按照预定的时间表执行自己的预定任务，能够暴露出规划和实际行动之间的差距，并迫使管理者采取相应的行动来协调整个项目的工作进展。如果情况发生变化以至于使项目成员不能按照预订计划开展工作，项目管理者的跟进就可以确保执行成员及时得到新的指令，并根据环境的变化采取相应的行动，确保尽可能达到项目预期目标。

在城市轨道交通综合联调和演练项目执行过程中，沟通就是控制，应特别注意在子项目负责人与项目组成员间、子项目组与子项目组之间、子项目组与大项目组间建立实时的、畅通的沟通渠道，保证子项目执行情况可及时反馈到计划编制调整部门，计划编制调整部门可及时检查计划与实际进度之间的偏差，快速调整计划以适应实际执行情况的变化，各项目负责人的实时跟进，保证相关调整信息及指令可快速、准确地到达所有项目组成员。对于开通任务重的城市轨道交通企业，综合联调和演练期按多项目、同一时间平行作业模式规划执行，执行前、中、后的管理措施落实到位，各方的沟通到位，正常及异常情况下管控措施到位，最终实现所有综合联调和演练任务安全准时顺利地完成，更是反映城市轨道交通企业整体人员素质及综合管理能力的重要标志。

3.1.3　全自动运行线路综合联调

全自动运行系统综合联调应在上述工作（各相关系统单系统调试及接口调试）的基础上，从具备全自动运行系统功能和满足试运行条件的角度，完整、细致地测试全自动运行各系统在正常及故障等情况下的接口功能及系统性能，以达到检验各系统按设计要求协同运作的调试工作。

全自动运行系统综合联调要实现全面、系统地检验各系统的实际功能是否达到全自动系统试运行的标准，验证各系统间是否可按设计要求协同运作；充分发现各系统存在的问题，结合运营需要对各系统的技术参数进行调整与修改，尽可能实现系统设计标准；测试行车综合自动化系统功能的完整性、完善性，验证系统功能与设计需求的一致性、符合性；确保运营人员对全自动运行系统的技术参数、设计标准、系统功能、操作方法、注意事项的进一步了解与熟悉。

1. 全自动运行线路联调流程

全自动运行系统综合联调是在各相关系统单系统调试及接口调试的基础上进行的综合联调，包括全自动接口验证调试、全自动运行系统功能调试、全自动场景覆盖测试和稳定性测试，如图3-4所示。

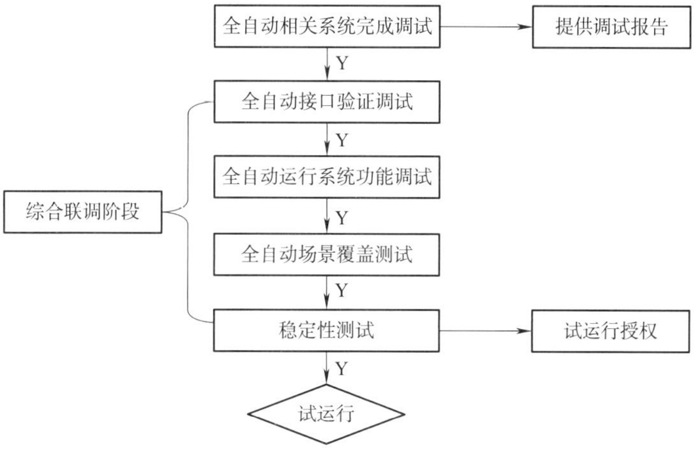

图3-4　全自动运行线路联调流程示意图

2. 全自动运行线路综合联调重点内容

(1)前提条件。

① 车辆系统条件。车辆关键系统应完成调试,应完成全自动运行功能与信号系统的接口调试,应完成相应阶段的独立第三方安全评估并提供相关评估报告;对证书的限制项,已制订安全防护措施。

② 信号系统条件。信号系统应完成多个阶段调试及各子系统之间的全自动运行功能调试,应完成与综合监控系统、通信系统、站台门系统的接口调试,应完成相应阶段的独立第三方安全评估并提供相关评估报告;对证书的限制项,已制订安全防护措施。

③ 通信系统条件。通信系统应完成与车辆、信号系统、综合监控系统之间的接口和联动功能调试。

④ 综合监控系统条件。综合监控系统应完成与信号系统、车辆、站台门系统、通信系统之间的接口和联动功能调试。

⑤ 站台门系统条件。站台门系统应完成与综合监控系统、信号系统的全自动运行接口功能调试,站台门系统应完成相应阶段的独立第三方安全评估,并提供相关评估报告;对证书的限制项,已制订安全防护措施。

(2)组织方式。

全自动运行系统综合联调可在全线联调前组织样板段联调或外场测试,但样板段联调应至少包括包含二站一区间及车辆基地。

(3)联调内容。

① 全自动运行系统联调涉及信号、车辆、综合监控、通信、站台门等设备。

② 全自动运行系统联调应从接口验证调试、全自动运行系统功能调试、场景覆盖测试及稳定性测试逐步推进。

③ 全自动运行系统联调应根据全自动场景制订全自动联调大纲,充分验证全自动运行系统功能、系统间联动及应急处理。

④ 全自动运行系统联调应根据全自动场景制定全自动运营规则,在试运行阶段充分验证运营规则的合理性,并提前对运营人员进行相关培训。

⑤ 接口验证调试一般包括列车控制和管理系统(train control and management system, TCMS)与信号系统接口、信号系统对车辆的电气接口、信号系统对车辆的机械接口、信号系统对车辆的性能参数接口、信号系统与洗车机接口、信号系统与车库门接口、信号系统与站台门(platform edge door,PED)接口、中心与PED接口、中心与调度指挥管理信息系统(dispatch management information system,IMS)接口、中心与公共广播系统(public address system,PA)接口、中心与乘客信息系统(passenger information system,PIS)接口、中心与无线通信接口、车地综合通信系统(long-term evolution for metro,LTE-M)与PIS系统接口、LTE-M与(基于通信的列车自动控制系统,communication based train control system,CBTC)系统接口。

⑥ 全自动运行系统功能调试一般包括:行调显示信息调试、车辆调显示信息调试、乘客调显示信息调试、行调控制功能调试、车辆调控制功能调试、乘客调控制功能调试、车库门控制功能调试、站台门功能调试、洗车机功能调试及联动功能调试。

⑦ 场景覆盖测试包括正常运营场景测试、故障场景测试及应急场景测试。

(4)联调工期。

全自动运行线路各专业内调试工期较非全自动运行线路调试时间增长 20%～30%，在各专业调试完成具备条件后，增加联调时间约 20%，整体调试时间较非全自动运行线路项目增加约 50%。在联调时间安排时，应参考如下方案：

① 选取样板段提前调试，样板段至少包含 2 站 1 区间及车辆基地。

② 样板段在初期运营前 12 个月开始动车调试，2 个月内完成各系统调试，之后开始样板段综合联调。

③ 全线综合联调在初期运营前 6 个月开始动车调试。

3.1.4　全自动运行线路系统功能测试验证

为确保城市轨道交通全自动运行系统高质量建设，切实提升运营效能和安全水平，在满足国家和行业有关城市轨道交通运营管理制度基础上，还需要对全自动运行线路的系统功能进行测试验证。

(1) 全自动运行线路功能测试验证系统包括车辆、综合监控系统、通信系统、信号系统、站台门系统。

(2) 全自动运行线路的重点区域安全性能验证，具体要求如下：

① 土建工程。正线全自动区域与非全自动区域应设置带有安全防护标识的物理隔断，并在转换区设置登乘平台。全自动区域应设置防护分区，且在防护分区内具有人员防护开关(staff protection key switch，SPKS)、门禁等安全措施。车站存车线内宜配置工作人员登乘平台或登乘专用通道，并具备工作人员上下车的安全措施。若运营单位所在城市有冰雪天气，宜根据运营需求在正线及车辆基地地上区域道岔区段增设道岔融雪装置。

② 车辆基地。车辆基地应设置全自动区域和非全自动区域。全自动区域应覆盖列车日常存放洗车、试车、出入库及段场内列车自动运行的行车线路关键区域，并按需求划分为若干保护分区。全自动区域应设置物理隔断，高度不宜低于 1.8 m，间隙不宜大于 10 cm，安全防护标志标识齐全，与非全自动区域的过渡区域应有相应技防或人防措施。停车列检库内防护分区不宜大于 4 列位，各防护分区应设有物理隔离设施，并设置工作人员防护开关和安全防护标志标识。停车列检库应设置工作人员登乘平台，并有工作人员上下车的安全措施，登乘通道与全自动区域轨行区作业人员通道宜分离设置。全自动区域应设置防护分区，且在防护分区内具有 SPKS、门禁等安全措施。在防护分区边界增设与 SPKS 联动范围对应的安全防护措施，如作业边界安全指示灯，避免作业人员误入非防护区域。

③ 控制中心。全自动运行系统宜设置主用控制中心和备用控制中心。主用控制中心与备用控制中心的信号系统设备、通信系统设备、综合监控设备应互为热备冗余。全自动运行系统控制中心应设有车辆监控工作站和乘客服务工作站。全自动运行系统应具备列车的视频监视功能，视频可上传至控制中心。

④ 其他安全性要求。全自动运行系统信号、综合监控、通信等系统应根据相关法律法规要求，符合网络安全等级保护要求。

3.2　城市轨道交通建设工程验收

为规范城市轨道交通工程质量验收工作，提高城市轨道交通工程质量水平，住房和城乡建设部于2014年3月27日出台了《城市轨道交通建设工程验收管理暂行办法》，并要求各地主管部门结合地区实际贯彻落实。作为全国范围内第一个关于城市轨道交通工程质量验收管理的政策性文件，该办法首次明确了单位工程验收、项目工程验收及竣工验收三个阶段的法定验收程序。同时，该办法首次将单位（子单位）工程统一划分，便于各地行政主管部门及轨道交通建设单位具体实施。

除城市轨道交通工程三阶段验收外，城市轨道交通项目同样遵循通用工程按照法律法规规定负责相关的如消防、规划、人防等专项验收，在三阶段验收期间穿插完成。城市轨道交通建设工程验收阶段流程示意图如图3-5所示。

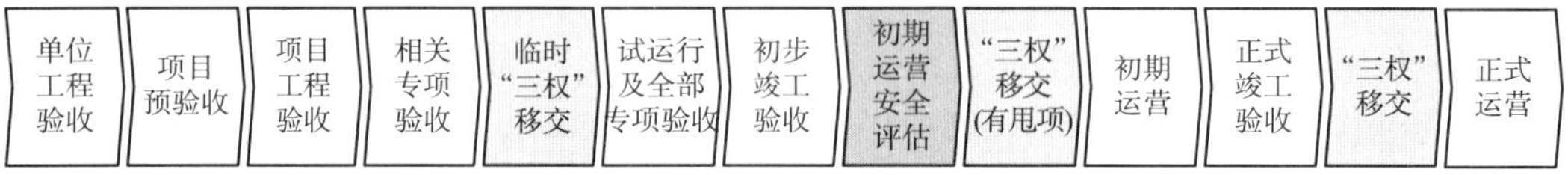

图3-5 城市轨道交通建设工程验收阶段流程示意图

3.2.1 单位工程验收

单位工程验收是指在单位工程完工后，检查工程设计文件和合同约定内容的执行情况，评价单位工程是否符合有关法律法规和工程技术标准，符合设计文件及合同要求，对各参建单位的质量管理进行评价的验收。单位工程划分应符合国家、行业等现行有关规定和标准。单位工程验收流程图如图3-6所示。

图3-6 单位工程验收流程图

施工单位对单位工程质量自验合格后，总监理工程师应组织专业监理工程师，依据有关法律法规、工程建设强制性标准、设计文件及施工合同，对施工单位报送的验收资料进行审查后，组织单位工程预验。单位工程各相关参建单位须参加预验，预验收程序可参照单位工程验收程序。

单位工程预验收合格、遗留问题整改完毕后，施工单位应向建设单位提交单位工程验收报告，申请单位工程验收。验收报告须经该工程总监理工程师签署意见。

1. 单位工程验收具备条件

根据《城市轨道交通建设工程验收管理暂行办法》第十条规定，单位工程验收应具备以下条件：

（1）完成工程设计和合同约定的各项内容，对不影响运营安全及使用功能的缓建项目已经相关部门同意。

（2）质量控制资料应完整。

（3）单位工程所含部分工程的质量均应验收合格。

（4）有关安全和功能的检测、测试和必要的认证资料应完整；主要功能项目的检验检测结果应符合相关专业质量验收规范的规定；设备、系统安装工程需通过各专业要求的检测、测试或认证。

(5)有勘察、设计、施工、工程监理等单位签署的质量合格文件或质量评价意见。

(6)观感质量应符合验收要求。

(7)住建主管部门及其委托的工程质量监督机构等有关部门责令整改的问题已经整改完毕。

2. 单位工程验收组织

单位工程验收由建设单位组织,勘察、设计、施工、监理等各参建单位的项目负责人参加,组成验收小组。

(1)建设单位应对验收小组主要成员资格进行核查。

(2)建设单位应制定验收方案,验收方案的内容应包括验收小组人员组成、验收方法等。方案应明确对工程质量进行抽样检查的内容、部位等详细内容,抽样检查应具有随机性和可操作性。

(3)建设单位应当在单位工程验收7个工作日前,将验收的时间、地点及验收方案书面报送工程质量监督机构。

这里的工程质量监督机构特指轨道交通相关的住建行政主管部门(一般为城市轨道交通项目所在城市住建局轨道交通主管部门)或其委托的工程质量监督机构。

3. 单位工程验收的内容和程序

(1)建设、勘察、设计、施工、监理等单位分别汇报工程合同履约情况和在工程建设各个环节执行法律法规和工程建设强制性标准的情况。

(2)验收小组实地查验工程质量,审阅建设、勘察、设计、监理、施工单位的工程档案资料,并形成验收意见。查验及审阅至少应包括以下内容:

① 检查合同和设计相关内容的执行情况。

② 检查单位工程实体质量(涉及运营安全及使用功能的部位应进行抽样检测),检查工程档案资料。

③ 检查施工单位自检报告及施工技术资料(包括主要产品的质量保证资料及合格报告)。

④ 检查监理单位独立抽检资料、监理工作总结报告及质量评价资料。

单位工程验收时,对重要分部工程应核查质量验收记录,进行质量抽样检查,经验收记录核查和质量抽样检查合格后,方可判定所含的分部工程质量合格。单位工程质量验收时,可委托第三方质量检测机构进行工程质量抽测。

(3)工程质量监督机构出具验收监督意见。如果一个单位工程由多个子单位工程组成时,子单位工程质量验收的组织和程序应参照单位工程质量验收组织和程序进行。

3.2.2 项目工程验收

项目工程验收是指各项单位工程验收后、试运行之前,确认建设项目工程是否达到设计文件及标准要求,是否满足城市轨道交通试运行要求的验收。

1. 项目工程验收具备条件

根据《城市轨道交通建设工程验收管理暂行办法》第十五条规定,项目工程验收应具备以下条件:

(1)项目所含单位工程均已完成设计及合同约定的内容,并通过了单位工程验收。对不影响运营安全及使用功能的缓建、缓验项目已经相关部门同意。

(2)单位工程质量验收提出的遗留问题、住房城乡建设行政主管部门或其委托的工程质量监督机构责令整改的问题已全部整改完毕。

(3)设备系统经联合调试符合运营整体功能要求,并已由相关单位出具认可文件。

(4)已通过对试运行有影响的相关专项验收。

2. 项目工程验收组织

城市轨道交通建设项目工程验收工作由建设单位组织,各参建单位项目负责人以及运营单位、负责专项验收的城市政府有关部门代表参加,组成验收组。

(1)建设单位应对验收组主要成员资格进行核查。

(2)建设单位应制定验收方案,验收方案的内容应包括验收组人员组成、验收方法等。

(3)建设单位应当在项目工程验收 7 个工作日前,将验收的时间、地点及验收方案书面报送工程质量监督机构。

3. 项目工程验收的内容和程序

(1)建设单位代表向验收组汇报工程合同履约情况和在工程建设各个环节执行法律法规和工程建设强制性标准的情况。

(2)各验收小组实地查验工程质量,复查单位工程验收遗留问题的整改情况;审阅建设、勘察、设计、监理、施工单位的工程档案和各项功能性检测、监测资料。

(3)验收组对工程勘察、设计、施工、监理、设备安装质量等方面进行评价,审查对试运行有影响的相关专项验收情况;审查系统设备联合调试情况,签署项目工程验收意见。

(4)工程质量监督机构出具验收监督意见。

城市轨道交通建设工程自项目工程验收合格之日起即可投入不载客试运行,试运行时间不应少于 3 个月。

3.2.3 竣工验收

竣工验收为项目工程验收合格后、初期运营之前,结合试运行效果,确认建设项目是否达到设计目标及标准要求的验收。

按照联调阶段的验收节点来看,城市轨道交通建设工程所包含的单位工程验收合格且通过相关专项验收后,方可组织项目工程验收;项目工程验收合格后,建设单位应组织不载客试运行,试运行 3 个月、并通过全部专项验收后,方可组织竣工验收;(初步)竣工验收合格后,城市轨道交通建设工程可履行相关初期运营(开通运营)手续。

试运行结束后、达到验收条件的,由建设单位组织竣工验收;根据城市轨道交通建设工程项目的规模大小和复杂程度,竣工验收可分为初步验收和正式验收两个阶段进行。初步验收合格的,方可组织开展初期运营前(线路开通前)安全评估;正式验收合格的,方可组织正式运营前(开通运营一年后)安全评估。

1. 竣工验收具备条件

根据《城市轨道交通建设工程验收管理暂行办法》第十九条规定,竣工验收应具备以下条件:

(1)项目工程验收的遗留问题全部整改完毕。

(2)有完整的技术档案和施工管理资料。

(3)试运行过程中发现的问题已整改完毕,有试运行总结报告。

(4)已通过规划部门对建设工程是否符合规划条件的核实和全部专项验收,并取得相关验收或认可文件;暂时甩项的,应经相关部门同意。

2. 竣工验收组织

城市轨道交通建设工程竣工验收由建设单位组织,各参建单位项目负责人以及运营单位、负责规划条件核实和专项验收的城市政府有关部门代表参加,组成验收委员会。省、自治区住房城乡建设主管部门应当加强对本行政区域内城市轨道交通建设工程竣工验收的监督。

(1)建设单位应对验收组主要成员资格进行核查。

(2)建设单位应制订验收方案,验收方案的内容应包括验收委员会人员组成、验收内容及方法等。

(3)验收委员会可按专业分为若干专业验收组。

(4)建设单位应当在竣工验收7个工作日前,将验收的时间、地点及验收方案书面报送工程质量监督机构。

3. 竣工验收的内容和程序

(1)建设、勘察、设计、监理、施工等单位代表简要汇报工程概况、合同履约情况和在工程建设各个环节执行法律法规和工程建设强制性标准的情况。

(2)建设单位汇报试运行情况。

(3)相关部门代表进行专项验收工作总结。

(4)验收委员会审阅工程档案资料、运行总结报告及检查项目工程验收遗留问题和试运行中发现问题的整改情况。

(5)验收委员会质询相关单位,讨论并形成验收意见。

(6)验收委员会签署工程竣工验收报告,并对遗留问题作出处理决定。

(7)工程质量监督机构出具验收监督意见。

竣工验收合格后,施工单位、供应商、承包商等签订工程质量保修书,自竣工验收合格之日开始履行质保义务。建设单位在竣工验收合格之日起15个工作日内,即可将竣工验收报告和相关文件,报城市建设主管部门备案。

3.2.4 专项验收

专项验收是指为保证城市轨道交通建设工程质量和运行安全,依据相关法律法规由政府有关部门负责的验收。对城市轨道交通工程进行的专项验收,包括城市轨道交通工程建设项目各项政府专项验收(工程质量、消防、人防、环境保护、卫生防疫、职业病防护设施、安全防护设施、防雷、节能、规划、档案、统计、竣工财务决算审查、决算审计等)。

专项验收一般分两部分完成:一部分对试运行有影响的所需在试运行前完成的相关专项验收;另一部分需要在试运行结束前全部完成。建设单位应根据专项验收要求倒排时间节点及时提出规划、消防、环境保护、卫生防疫、安全等专项验收申请。

《城市轨道交通建设项目管理规范》(GB 50722—2011)规定政府各专业主管部门专业验收分工如下:

(1)规划主管部门组织规划验收。

(2)建筑工程质量监督站发出工程施工质量验收监督意见书。

(3)公安消防主管部门组织消防验收。

(4)卫生主管部门组织卫生防疫验收和职业安全卫生验收。

(5)国家安全生产监督管理总局(已取消,现为应急管理部)发出同意安全设施竣工验收备案及批复。

(6)统计局组织统计验收。

(7)国家环境保护主管部门组织环境保护验收。

(8)人民防空主管部门组织人防验收。

(9)档案局组织竣工档案验收。

(10)气象局出具"地铁工程防雷装置竣工验收合格证"。

(11)财政局组织竣工财务决算审查。

(12)审计局组织竣工财务决算审计等。

随着近几年机构改革和相关规范的修订和调整,目前工程专项验收组织部门见表3-1。

表3-1　专项验收组织部门情况

分　类	组织部门	分　类	组织部门
规划	市级自然资源局	特种设备	市级市场监督管理局
消防	市级消防局	人防	市级防空办公室
环境保护	市级生态环境局	防雷接地	市级气象局
卫生防疫	市级卫生健康委员会	决算	市级财政局
节能	市级发展和改革委员会	审计	市级审计局
安全	市级应急管理局		

2018年5月,国务院办公厅下发国办发〔2018〕33号《关于开展工程建设项目审批制度改革试点的通知》,增加了地震安全性评价、地质灾害危险性评估和节能评价等三个配套专题。2022年7月交通运输部修订《城市轨道交通初期运营前安全评估技术规范》增加工程项目防洪涝专项论证,也可以视为专项验收部分。

根据国办发〔2018〕33号文件,试点地区(北京市、天津市、上海市、重庆市、沈阳市、大连市、南京市、厦门市、武汉市、广州市、深圳市、成都市、贵阳市、渭南市、延安市和浙江省)推行规划、国土、人防、消防、市政公用及档案等部门或单位实行限时联合验收,统一出具验收意见或许可证,工程专项验收的手续、时间将大幅减少。

3.2.5　全自动运行线路验收重点

全自动运行线路验收在满足上述内容的相关要求的基础上,应重点关注以下内容:

1. 验收前提条件

(1)全自动运行系统验收应完成信号专业、综合监控专业、车辆专业、通信专业、站台门专业完成全自动运行系统级功能的调试。

(2)信号专业应完成非全自动运行线路CBTC系统验收,包含计算机联锁(CI)、列车自动监控(automatic train supervision,ATS)、列车自动防护(automatic train protection,ATP)、列车自动运行(automatic train operation,ATO)等,并提交监理预验收报告;综合监控专业、车辆专业、通信专业、站台门专业应完成非全自动相关功能的系统验收,并提交监理验收报告。

(3)各专业统计与全自动运行功能相关的分部、分项,完成相关验收。

2. 验收流程

全自动运行系统验收除了符合上述规定的验收流程外，还应按照前述综合联调流程完成相关验收工作。

3. 验收要求

（1）若全自动线路的建设进程无法满足一次性开通的验收要求，可根据需求分阶段进行验收工作。先考虑全自动运行系统的样板段验收，待全线具备验收条件后再进行全线验收。

（2）全自动验收应由信号专业牵头，各专业相关单位参与，按照相关验收办法组织。

（3）验收内容应根据建设、运营、设计、各系统商等相关单位共同确定的全自动联调大纲，充分验证全自动运行系统功能、系统间联动及应急处理是否满足要求。

（4）相关验收全部完成后由信号专业（牵头专业）监理单位组织完成全自动运行系统验收报告。

3.3 试运行

《城市轨道交通建设工程验收管理暂行办法》规定："项目工程验收合格后，建设单位应组织不载客试运行，试运行三个月。"《城市轨道交通运营管理规定》（中华人民共和国交通运输部令2018年第8号）提出："运营单位应当全程参与城市轨道交通工程项目按照规定开展的不载客试运行，熟悉工程设备和标准，查看系统运行的安全可靠性，发现存在质量问题和安全隐患的，应当督促城市轨道交通建设单位（以下简称建设单位）及时处理。"

3.3.1 试运行的基本概念和意义

试运行又称空载试运行，或者叫不载客试运行，是指城市轨道交通新线工程冷、热滑试验成功，系统联调结束，通过不载客列车运行，对运营组织管理和设施设备系统的可用性、安全性和可靠性进行检验的活动。试运行组织主要参照《城市轨道交通试运营基本条件》（GB/T 30013—2013）、《城市轨道交通技术规范》（GB 50490—2009）、《城市轨道交通工程项目规范》（GB 55033—2022）等规范要求执行。

试运行不同于综合联调，它是围绕列车运行进行的一个试验和调试，考察设备系统的可靠性和安全性。在此期间，运营单位参与试运行，配备人员，列车按图运行，因此试运行不仅仅是设备的试验和调试，也是运营人员与设备系统的磨合过程，最终完成人、机、环境的最佳配合。

试运行过程中应做到预想问题充分、提出相应对策、严格过程控制、确保安全无事故，发现各系统设备存在的问题，及时对各系统的技术参数进行调整与修改，达到发现、协调、解决问题的目的，满足初期运营的各项实际需求。

3.3.2 试运行的主要内容

试运行的核心意义在于"试"和"运行"，前者表示"检验"，包括检验设备系统的稳定性、运营组织方案、应急预案、设备故障模式等；后者和后期的"试运营"以示区别，表示"不载客"的运行。

所以试运行的工作就是对系统的运行状态、性能、功能和系统间匹配关系进行综合测试、调整、优化和运用验证，使各系统和系统整体性能、功能达到设计要求，组织运营人员全面上岗实操，对正常和非正常情况下的行车组织以及应急救援进行演练，满足开通运营需要，主要包括以下内容：

（1）运输能力验证：包括列车设计追踪运行和折返能力、车站设计通过能力等测试。

（2）可靠性测试：包括自动售检票、通风空调、电（扶）梯、广播、乘客信息、视频监控、给排水、综合监控、火灾自动报警等系统的不间断运行和负荷测试。

（3）应急演练：包括针对列车相撞、脱轨、火灾等事故，突发停电、突发大客流，以及工务、车辆、通信、信号、站台门等设施设备故障的应急演练。

（4）连续空载行车：按照本线开通运营时列车运行图连续组织行车 20 日以上。

3.3.3 试运行的前置条件

为确保试运行安全进行，试运行前必须满足以下基本条件：

（1）城市轨道交通各系统在满足安全防护的前提下，达到建设单位和运营单位共同确认的行车基本条件：

① 行车设施设备（车辆、信号、供电、线路、站台屏蔽门等）系统联调完成。

② 轨行区封闭声屏障、防抛网、防火门、各类电缆等设备设施安装牢靠。

③ 危及行车安全或人身安全以及设备设施功能受限造成内部相关作业无法正常开展或对外运营服务质量下降的各类缺陷和问题。

④ 轨行区施工（含调试）全面完成。

⑤ 场段列车停放数量、实际列车到位数量满足单车、双车、多车演练需求。

⑥ 中央级电力监控与数据采集系统点对点完成。

⑦ 通信、信号、供电、车辆、轨道等行车设备设施满足贯通跑图要求。

⑧ 信号系统取得第三方安全认证证书。

⑨ 安全门单体系统调试完毕，具备整侧安全门手动开关功能。

（2）完成运营各岗位工作人员培训并达到上岗要求并取得资质。

（3）完成行车组织、车站管理、车辆基地管理、施工组织、保护区管理等临时管理办法、应急演练和试运行方案等试运行制度的制订工作，各类台账、报表到位。

（4）成立试运行管理领导小组，组长由建设单位和运营单位负责人共同担任。

3.3.4 试运行总体目标要求

1. 传统线路的试运行总体目标要求

组织试运行的单位应提供城市轨道交通试运行的情况报告，包括试运行基本情况、设施设备可靠性和故障率情况等。试运行期间，各列车累计在线运行里程不应少于 2 000 km。试运行时间不得少于 3 个月，试运行最后 20 天应按照试运营开通时列车运行图行车。试运行最后 20 天，试运行指标应达到表 3-2 的要求。

表 3-2 试运行考核指标

序号	考核指标	指标要求
1	列车运行图兑现率	不应低于 98.5%
2	列车正点率	不应低于 98%
3	列车服务可靠度	全部列车总行车里程与发生 5 min 以上延误次数之比不应低于 2.5 万列公里/次

续表

序号	考核指标	指标要求
4	列车退出正线运营故障率	不应高于 0.5 次/万列公里
5	车辆系统故障率	因车辆故障造成 2 min 以上晚点事件次数应低于 5 次/万列公里
6	信号系统故障率	不应高于 1 次/万列公里
7	供电系统故障率	不应高于 0.2 次/万列公里
8	站台门故障率	不应高于 1 次/万次

以上试运行考核指标又称试运行的关键指标，将作为试运行之后的安全评估的首要依据提供给评估专家组。

由于试运行过程是一个系统逐渐完善的过程，是一个“发现问题—调试—解决问题”的过程，并且系统运行的水平是由低到高分阶段完成的，当低水平阶段达到较高的正确率后，进入较高水平的阶段，又会发现新的问题，解决问题后再逐渐达到一个较稳定的状态，然后再提高系统运行的水平。因此，在 3 个月试运行的初期难以达到一个较高的水平，在后期才能逐渐接近试运营阶段的要求。同时，以上关键指标在正式运营评估（开通运营一年）前三个月还需再次考核，指标要求也随之提高。正式运营后，每年还会组织服务质量评估，其中服务质量评估的关键指标评估仍然还是考核这些指标，指标的要求再次提高并且固定下来，采用政府报备、网络公示和车站张贴的方式对市民公开承诺，作为衡量线路运营服务质量的重要依据，如图 3-7 和图 3-8 所示。

图 3-7　广州地铁运营服务质量承诺

2. 全自动运行线路的试运行总体目标要求

试运行开始前各专业应具备全自动相关功能，并完成全自动功能的联合调试。试运行期间前 60 天完成全自动运行相关功能和接口的稳定性测试。试运行开始 60 天内进行专项测试，专项测试指标宜根据工程条件、系统设计要求、运营管理单位可接受的故障频次确定具体指标。试运行最后 30 天，试运行指标应满足相关规范要求，全自动运行系统试运行指标应达到表 3-3 的要求。

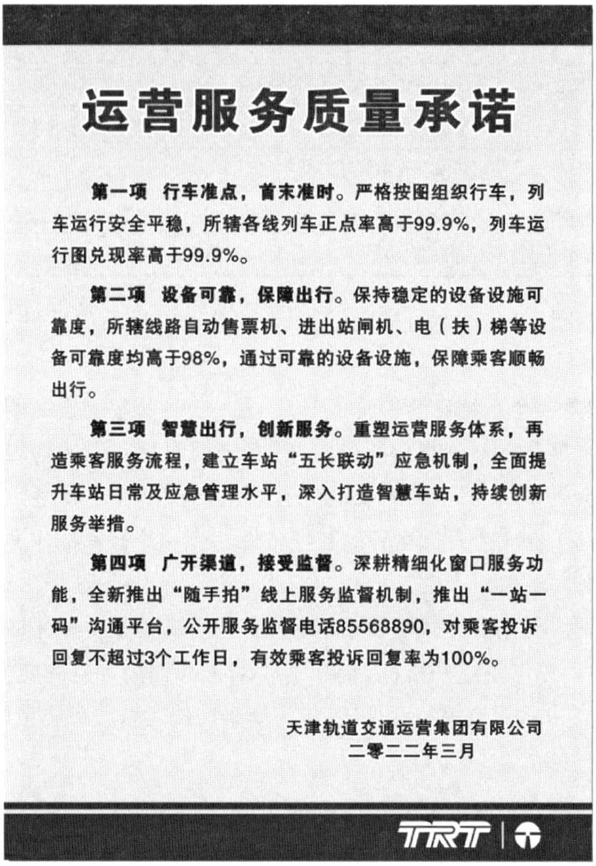

运营服务质量承诺

第一项　行车准点，首末准时。严格按图组织行车，列车运行安全平稳，所辖各线列车正点率高于99.9%，列车运行图兑现率高于99.9%。

第二项　设备可靠，保障出行。保持稳定的设备设施可靠度，所辖线路自动售票机、进出站闸机、电（扶）梯等设备可靠度均高于98%，通过可靠的设备设施，保障乘客顺畅出行。

第三项　智慧出行，创新服务。重塑运营服务体系，再造乘客服务流程，建立车站“五长联动”应急机制，全面提升车站日常及应急管理水平，深入打造智慧车站，持续创新服务举措。

第四项　广开渠道，接受监督。深耕精细化窗口服务功能，全新推出“随手拍”线上服务监督机制，推出“一站一码”沟通平台，公开服务监督电话85568890，对乘客投诉回复不超过3个工作日，有效乘客投诉回复率为100%。

天津轨道交通运营集团有限公司
二零二二年三月

图 3-8　天津地铁运营服务质量承诺

表 3-3　全自动运行线路试运行考核指标

序号	考核指标	指标要求
1	列车运行图兑现率	不应低于 99%
2	列车正点率	不应低于 98.5%
3	列车服务可靠率	全部列车总行车里程与发生 5 min 以上延误次数之比不低于 6 万列公里/次
4	列车退出正线运营故障率	不应高于 0.3 次/万列公里
5	车辆系统故障率	因车辆故障造成 2 min 以上晚点事件次数低于 1 次/万列公里
6	信号系统在故障率	不应高于 1 次/万列公里
7	站台门故障率	不应高于 0.6 次/万次
8	传输系统	不出现系统瘫痪，系统所有板卡不出现影响系统运行的故障
9	车地无线系统	不出现系统瘫痪。系统所有板卡不出现影响系统运行的故障。承载列车控制业务的车地无线通信系统应能在单点故障情况下保持网络通信正常；当出现单点故障时，单网络允许的通信丢失时间应小于 2 s
10	唤醒成功率	不应低于 95%

3.3.5　试运行组织与注意事项

《城市轨道交通建设项目管理规范》(GB 50722—2011)规定:“试运行期间可由建设管理单位和运营单位共同组成试运行管理领导机构。”同时要求:“试运行列车按照计划运行图运行前,建设管理单位应将指挥权、管理权、使用权向运营单位进行移交(临时三权移交)。运营单位接收设备后,调度指挥、综控员(行车值班员)、列车司机、专业维护和客运人员应按正式运营规定到岗,负责设备操控及值守。”

1. 试运行组织

建设组织设计、运营、监理、各标段项目经理部及各系统供应商等建立试运行的组织机构,明确各方的职责、任务的分工、管理职能的分工与工作流程,落实沟通协调及考核机制。试运行前需完成各类报批手续、试运行方案和安全评估等审批,确保试运行工作安全、有序开展。试运行组织机构流程图如图 3-9 所示。

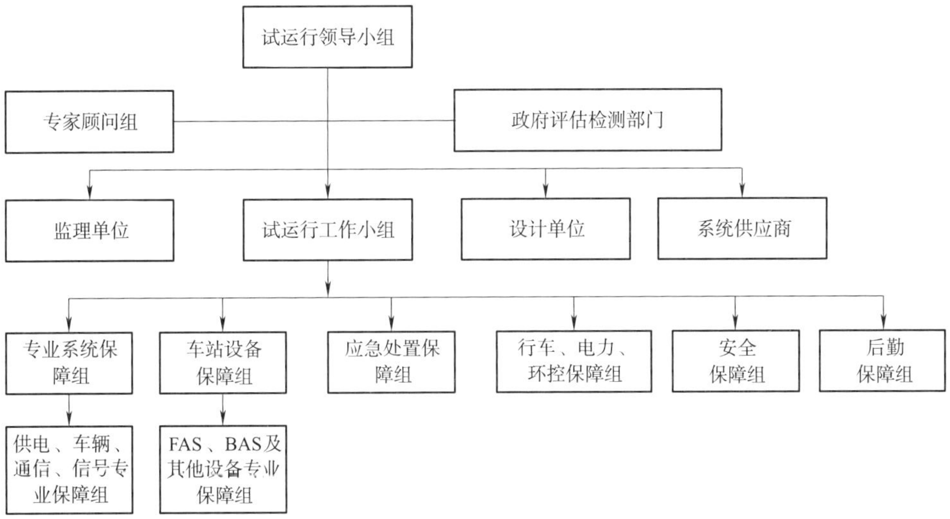

图 3-9　试运行组织机构

建设单位(一般是集团的建设分公司,业主单位,不直接参与施工,线路少的轨道公司或 PPP 项目建设主管部门)是试运行的责任主体,一方面,督促勘察、设计、施工、监理、设备供应商等单位严格遵守试运行各项管理制度,遵守运营单位现场管理要求;另一方面,建设单位会同运营单位(一般是集团的运营分公司)联合制订试运行工作方案,通过协议向运营单位临时移交调度指挥权、属地管理权、设备使用权,并明确双方权利义务,由运营单位具体开展试运行工作,运营单位参与试运行工作应当遵守建设主管部门(一般为市住建局)的有关规定,其间由于自身过错引发的问题应当按照协议约定承担相应责任。

2. 试运行工作安排

在试运行正式实施前,应提前编制试运行总体方案,对整个试运行进行总体安排、部署。试运行方案应包含目的、前置条件、时间控制、计划安排、工作要求、例会制度、指标统计要求等。

试运行计划需保证满足 3 个月的试运行要求,同时还需考虑为试运营基本条件评审(初期运营前安全评估)、问题整改、载客试运营(线路开通运营)报批等预留一定的时间,如果完全按照开通试运营的目标节点倒排3个月开始试运行,在试运营基本条件评审时也就必然导致达不到3个月的要求。所以实际工作中,试运行计划编制时应尽量保证试运行时间达到4个月,最少不能低于3个半月。

按照《城市轨道交通建设项目管理规范》的要求,试运行最后20天按开通时的运行图行车且需保证指标达到要求,因此20天的跑图极为重要。若跑图时间完全按照20天进行控制,很可能因为突发事件导致指标无法达标,影响到试运营基本条件评审,最终影响线路的开通节点。所以,实际工作中常常按照试运营标准进行跑图的时间至少控制在30~45天,确保试运行最后20天的指标达标。

根据以上情况,我们可以采用时间节点倒排控制方法,以试运营开通时间为目标节点进行控制,依次减去相应天数,即可倒排出载客试运营报批、试运营基本条件评审、连续跑图、试运行等时间节点。假定开通试运营的时间节点为X,各阶段的时间节点控制如图3-10所示。

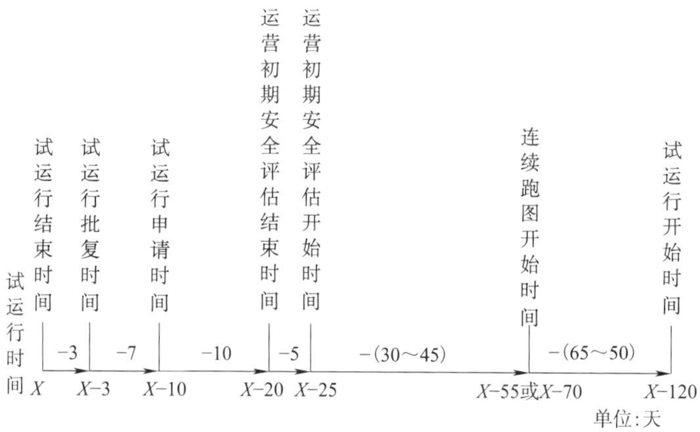

图3-10 试运行时间节点倒排控制示意图

试运行总体要求3个月,在组织策划时,应尽量按照4个月的时间进行安排,保证试运营基本条件评审前满足3个月的空载试运行要求,且预留一定的问题整改及载客试运营报批时间。

试运行一般分为三个阶段:

第一阶段为低密度行车及信号功能、车辆状态验证阶段。该阶段主要进行低密度的行车功能验证,同时进行部门级、中心级无车演练及部分公司级无车演练。运营人员熟悉现场设施设备,对相关岗位进行培训及技能评估,同步固化例会、交接班、作业标准、台账填记、定制化等基础管理工作。该阶段需提前制订公司级、部门级、现场级三级演练计划,该阶段主要开展无车演练。

第二阶段为低、中、高密度行车以及非正常应急处置演练阶段。该阶段主要进行单车、双车、多车等低中密度的行车演练及应急演练,确保行车人员掌握非正常情况下的故障处置流程、处置方法与调整措施,并通过现场实操演练验证规章制度的适用性。另外,须制定专用的中行车密度演练运行图,测试运营场景下各运营系统联合运作的稳定性,进一步完善试运营前需准备的各项工作。

第三阶段为高密度行车及试运营跑图阶段。该阶段完成第三阶段“试运营跑图方案”的编制工作,并利用夜间进行试运营预跑图测试。该阶段严格按照开通试运营的运行图行车,进行高密度行车演练,检测系统稳定性、运营组织水平、故障处置能力、应急处置预案的可行性等,各项运营指标必须满足《城市轨道交通试运营基本条件》(GB/T 30013—2013)的试运行要求。该阶段须完成运营基本条件专家评审(即运营初期安全评估),并预留 20 天左右的时间进行问题整改、防范措施制订,条件具备后向上级交通主管部门申请“载客试运营”。

3. 试运行注意事项

开展试运行时,应遵循以下注意事项:

(1)开展验证、测试和演练时,运营单位所需相关岗位人员应当到岗作业;连续空载行车时,运营单位应当全员上岗作业。

(2)试运行期间,运营单位应当及时记录发现的问题并反馈有关责任单位,有关责任单位应当及时组织整改。

(3)对于影响安全的系统功能缺陷和重大安全隐患问题,应当书面反馈试运行管理领导小组,试运行管理领导小组及时研判反馈的问题,积极组织整改并逐一问题销号。

(4)试运行结束,应当形成试运行情况报告,内容包括试运行组织基本情况、试运行期间主要设施设备运行情况和相关数据记录、设施设备运行安全性和可靠性分析、建设单位和运营单位共同确认的试运行发现问题整改情况等。

在实际工作中,按照《城市轨道交通试运营基本条件》(GB/T 30013—2013)的要求,试运行前必须完成系统联调,但是大部分城市在试运行前均无法完成联调联试工作,在保障安全的前提下,遗留下来的联调联试工作可以穿插在空载试运行中进行。

3.4 初期运营前安全评估

随着城市化的发展,保证城市轨道交通的运营安全已越来越成为运营管理的重要工作。城市轨道交通是由车辆、通信信号、供电、工务、运营管理等专业子系统组成的复杂系统,该系统的安全保证需要运用系统工程和安全工程的理论和方法建立起有效的管理体系。

3.4.1 城市轨道交通安全评估的发展形成

轨道交通安全评价的概念来自 EN 5012X 系列欧洲铁路标准。我国在 2007 年颁布了国标《地铁运营安全评价标准》(GB/T 50438—2007),但是因为缺乏操作性于 2017 年废止。2018 年国务院办公厅印发《国务院办公厅关于保障城市轨道交通安全运行的意见》,明确提出:“建立健全运营安全风险分级管控和隐患排查治理双重预防制度,对运营全过程、全区域、各管理层级实施安全监控。建立城市轨道交通运营安全第三方评估制度。制定城市轨道交通运营安全事故报告和调查处理办法。建立健全行业运营服务指标体系和统计分析制度、服务质量考评制度,加强服务质量监管。”同年交通运输部颁布《城市轨道交通运营管理规定》(交通运输部令 2018 年第 8 号),规定“城市轨道交通工程项目验收合格后,由城市轨道交通运营主管部门组织初期运营前安全评估。通过初期运营前安全评估的,方可依法办理初期运营手续”,同时规定“城市轨道交通线路初期运营期满一年,运营单位应当向城市轨道交通运营主管部门报送初期运营报告,并由城市轨道交通运营主管部门组织正式运营前安全评估。通过安全评估的,方可依法办理正式运营手续”。

为保障安全评估的具体实施,2018 年交通运输部还颁布了《城市轨道交通正式运营前和运营期间安全评估管理暂行办法》《城市轨道交通运营期间安全评估规范》《城市轨道交通风险分级管控和隐患排查治理管理办法》等一系列行业监管的规范性文件,为城市轨道交通行业在运营安全管理中开展第三方评估提供了依据,建立起开通前"运营初期安全评估(开通评估)""正式运营前安全评估(正式运营评估)""运营期间安全评估(年度评估)"三大安全评估体系,通过第三方评估模式不同阶段节点科学评估城市轨道交通安全运营条件和能力,推动了轨道交通行业风险管控和隐患排查的机制建设和规范化实施,为轨道交通主管部门和运营方提供了安全管理的决策依据。

3.4.2 初期运营前安全评估概述

城市轨道交通工程项目验收合格后,由城市轨道交通运营主管部门组织初期运营前安全评估。通过初期运营前安全评估后,方可依法办理初期运营手续,初期运营前安全评估是对城市轨道交通新线开通初期运营条件的最后一次系统检验和科学评价。

初期运营前安全评估主要受新线工程建设进度和政府批复文件、专项验收情况影响。工程建设进度滞后影响专项验收文件,同时影响后期建设工序(包括设备安装、系统调试等),达不到初期运营前安全评估前提条件,不能开展评估。

2019 年,交通运输部出台《城市轨道交通初期运营前安全评估管理暂行办法》《城市轨道交通初期运营前安全评估技术规范　第 1 部分:地铁和轻轨》,对初期运营前安全评估如何组织与实施、设施设备系统功能和运营管理应达到的基本要求进行了明确的规定。该文件对《城市轨道交通试运营基本条件》(GB/T 30013—2013)进行了一些修订,明晰了相关基本概念。将之前的"试运营"阶段改为"初期运营"阶段,与"正式运营"相对应,并规定"待初期运营满 1 年并完成尾工工程建设、缺陷问题整改后,经正式运营前安全评估合格后,方可由初期运营转为正式运营"。

3.4.3 初期运营前安全评估前提条件

城市轨道交通工程项目符合以下条件,方可开展初期运营前安全评估:

(1)试运行关键指标达到要求,且试运行期间发现的安全隐患和较大质量问题已完成整改。关键指标如下:

① 列车运行图兑现率不低于 98.5%。

② 列车正点率不低于 98%。

③ 列车服务可靠度不低于 2.5 万列 · km/次。

④ 列车退出正线运行故障率不高于 0.5 次/(万列 · km)。

⑤ 车辆系统故障率不高于 5 次/(万列 · km)。

⑥ 信号系统故障率不高于 1 次/(万列 · km)。

⑦ 供电系统故障率不高于 0.2 次/(万列 · km)。

⑧ 站台门故障率不高于 1 次/万次。

贯通运营的延伸线工程项目应按全线运行图开展试运行,其中除供电系统故障率、站台门故障率按延伸区段统计外,其余关键指标应按全线统计。

(2)按规定通过专项验收并经竣工验收合格,且验收发现的影响运营安全和基本服务质量的问题已完成整改，包括规划、消防、土建、人防、供电、特种设备、工程档案、建筑节能、无障碍设施、环境保护设施、防雷装置、运营设备和设施等专项验收。

(3)有甩项工程(缓建缓验工程)的，甩项工程不得影响初期运营安全和基本服务水平，并有明确范围和计划完成时间。

(4)按照规定划定城市轨道交通工程项目保护区，根据土建工程验收资料勘界后制定保护区平面图，在具备条件的保护区设置提示或者警示标志。

在实际工作中开通运营前大部分问题都是由土建设施施工、机电设备安装缺陷和土建施工、设备联调周期的制约引起的，在以往线路中这些问题占整改问题的一半以上，通过强调试运行关键指标必须达到要求，专项验收及竣工验收通过后方可开展安全评估，有效将新线建设质量和运营安全服务质量提升到新的高度。

这一系列文件和规范针对一直困扰运营单位的保护区问题也作出了明确规定，即开通前需制定保护区平面图并在保护区设定警示标识。也较好解决了因出入口外地铁边界不清导致的纠纷以及市、区一级的安全卫生检查责任划分问题。

案例

20 ×× 年 12 月 6 日早上 7 时许，外部施工单位(×× 建设有限公司)在为业主方(×× 市 ××× 体育用品有限公司)进行项目(××× 攀岩基地)作业时，在未经审批的情况下擅自进行打桩施工作业，造成 ×× 地铁 11 号线 ×× 湾南—×× 区段(往 ××)方向接触网设备受损，全线运行受阻，大量乘客滞留。

3.4.4　初期运营前安全评估组织与实施

《城市轨道交通初期运营前安全评估管理暂行办法》规定："城市轨道交通运营主管部门应当按照法律法规规定，采用公开招标、邀请招标、竞争性谈判、单一来源等方式，确定符合本办法要求的第三方安全评估机构。"文件要求第三方安全评估机构不得与被评估单位存在控股关系、管理关系等情形的关联关系。同时要求第三方评估机构聘请的专家所在单位不是评估项目的建设、勘察、设计、施工、监理、监测、检测单位或者设备供应商，并且与被评估单位有相关利益关系。

初期运营前安全评估组织示意图如图 3-11 所示。

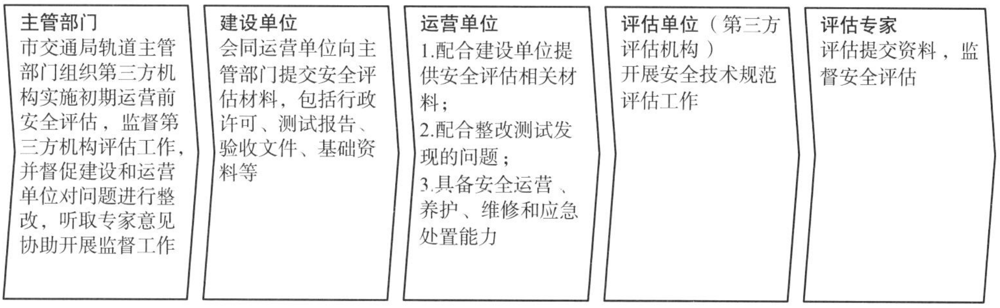

图 3-11　初期运营前安全评估组织示意图

《城市轨道交通初期运营前安全评估管理暂行办法》规定，由城市交通运输主管部门或者政府指定的运营主管部门负责组织安全评估，初期运营前 10 个月，城市轨道交通企业(被评估单位,包括建设单位和运营单位)向城市轨道交通运营主管部门提交引入评估单位的请示,并确定工程概况及开通目标节点,协助交通运输主管部门完成安全评估项目用户需求书的编制,根据用户需求书由交通运输主管部门通过公开招标等方式最终确定安全评估单位(第三方评估机构),城市轨道交通企业进一步与评估单位对接工作计划,同时编制《初期运营前安全评估前提条件符合性资料汇编》,正式评估前提交至城市轨道交通运营主管部门。

评估单位(第三方评估机构)首先对城市轨道交通工程项目是否满足初期运营前安全评估前提条件进行审核,审核通过后即可开展正式评估。

评估单位(第三方评估机构)可根据所评估城市轨道交通工程项目前期工作情况,对系统功能是否符合设计文件要求进行核验,经核验发现影响后续评估工作开展或对初期运营可能产生重大安全影响的系统功能缺陷,应当及时报告城市轨道交通运营主管部门,连同发现的其他较大安全问题作为遗留问题,在安全评估报告中如实记录。城市轨道交通运营主管部门可根据需要,要求建设单位会同运营单位对系统功能缺陷重新测试确认。

评估单位(第三方评估机构)按系统联动测试和运营准备的要求,对城市轨道交通工程项目是否能够投入初期运营进行评估。其中的测试项目,第三方安全评估机构可采信建设单位等的测试结果或委托有关单位开展,但应当符合初期运营前安全评估技术规范规定的测试要求。

评估单位(第三方评估机构)最终综合考虑各专业领域专家意见,出具初期运营前安全评估报告,报告中应有明确的评估结论,并对评估发现的安全问题提出整改要求、期限与建议措施。

对初期运营前安全评估发现的问题,城市轨道交通运营主管部门应当会同建设主管部门督促建设单位和运营单位限期整改到位,对于涉及多部门管理职责、影响运营安全的重大问题,应当及时向城市人民政府报告。对初期运营前安全评估发现的问题,建设单位要会同运营单位制定整改方案,明确整改计划和措施。整改完成后,形成评估报告并经评估单位(第三方评估机构)复核确认后报城市轨道交通运营主管部门。

3.4.5 初期运营前安全评估提交材料

城市轨道交通工程项目符合上述前提条件,开展初期运营前安全评估的,由城市轨道交通建设单位会同运营单位提交下列材料:

(1)试运行情况报告及其主要测试报告。

(2)建设规划、工程可行性研究及初步设计、重大设计变更等批复文件,以及用地和建设许可文件。

(3)特种设备验收、消防验收、人防验收、卫生评价、档案验收等专项验收文件,工程质量验收监督意见,以及建设单位编制的环保验收报告;工程项目防洪涝专项论证报告等材料(2022 年 7 月新增此项条款)。

(4)验收报告和验收发现问题整改情况报告,有甩项工程的,应附甩项工程清单。

(5)保护区平面图以及设置的提示或者警示标志位置清单。

(6)运营单位符合规定条件的情况说明和证明文件。

(7)对运营服务专篇意见的对照检查落实材料。

(8)城市轨道交通运营主管部门要求的其他材料。

城市轨道交通运营主管部门收到建设单位会同运营单位提交的材料后,应当及时回复。符合要求的,应当启动安全评估;不符合要求的,应当在回复中写明具体原因。

初期运营前安全评估作为新线投入初期运营前的最后收尾工作和运营筹备最后一次大考,其主要工作就是总结对标,城市轨道交通企业应充分做好编制运营筹备工作计划工作,根据每次新线初期运营前安全评估进行总结,总结得越多,经验越丰富,越能形成适合新线自身成熟的管理模式,降低新线初期运营前安全评估过程风险和管理成本。

复习思考题

1. 综合联调的目的和主要内容是什么?
2. 试运行具体做哪些工作?解决什么问题?
3. 如果你是一个新线车站的值班站长,联调联试过程中你如何带领你的班组开展演练工作?
4. 分析不同工程验收的针对性和特点,绘制城市轨道交通建设工程验收阶段流程示意图。
5. 查阅资料,对比试运行关键指标和正式运营关键指标的不同之处。
6. 作为新线筹备的运营单位,面对初期运营前安全评估应该准备哪些材料?
7. 全自动运行线路与传统线路的试运行总体目标有哪些差异?

第4章 运营接管

学习目标

1. 熟悉三权移交的工作内涵、移交条件和相关工作原则；
2. 掌握三权移交的工作流程和相关台账编制；
3. 熟悉运营接管管理要求和相关工作内容。

在城市轨道交通新线正式开通试运营之前，还有一项非常重要的工作要进行，就是新线运营接管工作，城市轨道交通运营接管工作是一项系统性、全局性、高要求的工作。在运营接管中既要有明确的工作机制作为保障，还要有明确的各阶段工作重点。对整个工程而言，在新线竣工验收前工程性质还未改变的前提下，运营接管是将新线各站点的设备设施使用权、车站属地管理权、行车调度指挥权，（简称“三权”）从工程建设单位移交到运营单位的过程，简称“三权”移交。对运营单位而言，接管意味着离开通试运营仅有一步之遥，意味着接管前的前期所有筹备工作将要具体改变。

4.1 “三权”移交

4.1.1 “三权”移交概述

“三权”移交是城市轨道交通企业建设单位向运营单位移交设备设施使用权、车站属地管理权、行车调度指挥权的过程，按照《城市轨道交通建设项目管理规范》《城市轨道交通建设与运营交接管理暂行办法》的要求，为了保障试运行和试运营（初期运营）设备运行需要，需要根据不同阶段陆续开展“三权”移交，如图4-1所示。

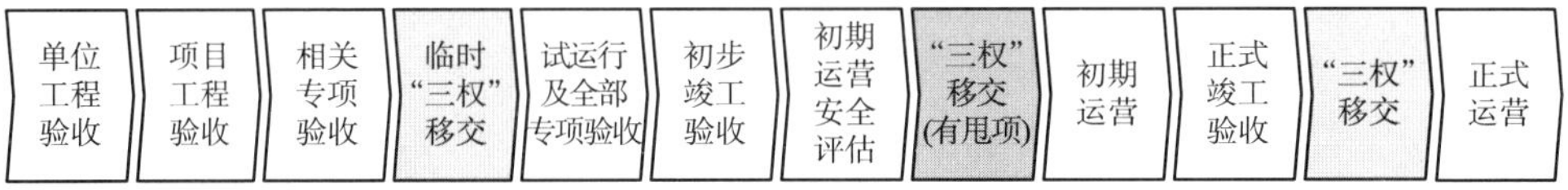

图4-1 “三权”移交节点关系示意图

1. 临时“三权”移交

《城市轨道交通建设项目管理规范》（GB 50722—2011）规定试运行期间由建设单位和运营

单位共同组成试运行管理领导机构，同时为了保障已经完成联调联试设备和系统正常运转，要求试运行列车按照计划运行图运行前，建设单位应将指挥权、管理权、使用权向运营单位进行移交。运营单位接收设备后，调度指挥、综控员、列车司机、专业维护和客运人员应按正式运营规定到岗，负责设备操控及值守。

运营单位需配合建设单位完成试运行相关评估工作，但此阶段达不到“三权”移交条件，建设单位可通过协议临时性向运营单位进行“三权”移交。临时“三权”移交阶段，如果发生运营人员操作导致的责任问题，主体责任在运营，其他情况，主体责任在建设。

临时“三权”移交是为了保障试运行列车运行图跑图正常运转的临时性措施，主要考虑试运行期间一旦发生问题甚至责任事故，需要通过协议划分相关责任。

2. 初期运营前“三权”移交（有甩项）

初期运营前安全评估并且发现的问题整改完成后，城市轨道交通运营主管部门依法向城市人民政府报告评估情况并申请办理初期运营手续，建设单位与运营单位签订运营接管协议，建设单位向运营单位移交土建竣工资料、设备系统调试报告和操作维修、保护区平面图等文件，以及建设阶段工程监测和建筑信息模型（building information modeling，BIM）等信息化系统，运营单位正式接管线路调度指挥权、设备使用权、属地管理权。

从形式上来看，初期运营前安全评估完成后的“三权”移交就进入开通的倒计时，随后要向社会公告开通时间和运营安排。如果初期运营安全评估问题短期无法解决，可以甩项，甩项工程不得影响初期运营安全和基本服务水平，并有明确范围和计划完成时间，实施“三权”移交。

3. 正式运营前“三权”移交

《城市轨道交通建设与运营交接管理暂行办法》对竣工验收进行了规定，城市轨道交通工程项目试运行结束后、达到验收条件的，由建设单位组织竣工验收；根据城市轨道交通建设工程项目的规模大小和复杂程度，竣工验收可分为初步验收和正式验收两个阶段进行。初步验收合格的，方可组织开展初期运营前安全评估；正式验收合格的，方可组织正式运营前安全评估。

城市轨道交通工程项目正式竣工验收合格后，由城市轨道交通运营主管部门组织开展正式运营前安全评估，对初期运营期间设施设备和系统运行安全可靠性、规章制度运行有效性、人员能力适用性、竣工财务决算是否通过审查等进行整体性评价，确认符合正式运营安全要求。正式运营前安全评估通过后即可完成所有“三权”移交内容，该线路也由建设单位正式移交给运营单位。

4.1.2 “三权”移交基本条件

1. 交接总体条件

（1）停车场及所属设施设备在“三权”移交前完成子单位工程验收，正线轨行区及行车相关设备、正线车站、控制中心在“三权”移交前完成项目工程验收。

（2）无法完成验收的项目应明确完工期限，涉及轨行区的工程项目应完成施工作业，影响试运行及行车安全的问题应整改完毕。

（3）建设单位应提供各专业设计文件、工程图纸、操作手册、主要系统设备技术功能规格书、维修手册、设备移交清单，并完成现场设备的实际操作培训。

(4)应急抢险等设备配置到位,各专业所需的备品备件配置到位。

(5)停车场各单体建筑、正线车站、变电所、控制中心在移交接管前完成消防验收。

(6)验收中已明确的甩项项目,不在移交接管范围内。

2. 停车场及所属设施设备交接基本条件

(1)综合楼、运转楼具备生产办公条件,控制中心 OCC 和列车检测与控制中心(detection and control center,DCC)合并、联合车库、洗车库、食堂公寓楼、杂品库、汽车库、污水处理房、材料棚、各种库门可正常投入使用。

(2)停车场生活设施水、气与市政接驳到位,通风空调、低压配电与照明、给排水设备完成安装调试,并正常投入使用。

(3)停车场接管区域内线路、充电轨及其他轨旁设施应经限界检查合格,完成冷滑和热滑试验,充电轨验收合格,可正常投入使用,签署停车场电力调度协议,所有与本线相关的轨道具备行车条件。

(4)停车场范围内线路、行车、安全标志全部安装完成,并完成验收,必备消防器材、应急设备等配置到位,安防系统正常投入使用。

(5)联合车库接管区域充电轨供电分区间的隔离网栅安装完毕并投入使用。

(6)信号系统实现微机联锁、微机监测系统功能,停车场信号联锁取得独立安全认证机构出具的第三方检测报告或证明。

(7)通信系统完成安装及单系统调试,数据承载网、无线通信系统、电话系统、广播系统、时钟系统、视频监控系统、乘客信息系统、信息网络系统及电源系统达到设计功能,可正常使用。

(8)供电系统安装及单系统调试完成,已带电安全运行 48 h 以上。

(9)各工程车、停车场工艺设备集成包中的设备,完成各项检查、试验,各项功能实现且通过预验收。

(10)停车场具备配属列车停放、静态调试的条件。

(11)停车场及所属设施设备交接的其他必要条件。

3. 正线轨行区及行车设备交接基本条件

(1)正线线路轨道及整体道床结构稳定,限界检查合格,施工残料及垃圾清理完毕,轨槽内的沙土清理完毕,无影响结构功能的裂纹、沉降、缺损、渗漏水等重大问题。

(2)车站内设置的护栏、人行阻拦等设备设施完好。

(3)开通线路终端设置便于拆装的临时车挡。

(4)接管区完成冷、热滑试验,充电轨验收合格,可正常投入使用,低压配电具备正常供电功能,变电所具备电力监控功能。

(5)通信系统完成安装及单系统调试,数据承载网、无线通信系统、电话系统、广播系统、视频监控系统、乘客信息系统、电源系统达到设计功能,可正常使用。

(6)正线信号系统完成安装及单系统调试,并取得独立安全认证机构出具的第三方检测报告或证明。

(7)站台护栏、站牌、座椅、垃圾桶等设备设施安装完毕,站台乘车标识标线齐备,可正常使用。

(8)站台 PIS、站台广播、站台监控、站台电话完成设备安装及调试功能,达到设计功能,可正常使用。

(9)正线轨行区范围内线路、行车、安全标志全部安装完成,并完成验收;区间变电所必备消防器材、应急设备等要配置到位。

(10)正线轨行区及行车设备交接的其他必要条件。

4. 控制中心交接基本条件

(1)生产、办公及生活用房可正常投入使用,相关消防报警及灭火系统功能完善并投入使用,FAS 系统满足消防联动控制要求,消防疏散通道保持通畅。

(2)电力监控 SCADA 子系统完成调试,实现中央监控功能及故障状态下供电方式切换功能。

(3)信号、通信等设备系统完成综合联调和子单位工程验收。

(4)控制中心的门禁已全部安装并正常投入使用。

(5)控制中心大屏幕可正常投入使用。

(6)控制中心交接的其他必要条件。

5. 电客车交接基本条件

(1)各列列车通过车辆预验收,并签署车辆预验收报告。

(2)车辆完成并通过综合联调,无影响使用功能、安全及行车的问题。

(3)电客车交接的其他必要条件。

4.1.3 “三权”移交工作原则

“三权”移交工作原则具体如下:

(1)在建设单位统一领导下开展交接工作。

(2)原则上以工程作为整体,由建设管理单位向运营单位进行移交,结合工程建设实际和运营需求,可按调度指挥权,设备使用权、属地管理权三个类别,分区域/属地、分阶段完成“三权”移交接管工作,但应以区域/属地为整体同步进行“三权”交接。

(3)交接工作由各专业交接组具体开展,交、接双方按各自既有设备设施管辖职责、工作职责的划分等,对轨行区、车站控制中心、停车场、各设备系统、工器具、备品备件、钥匙、技术资料等一一对口对接,明确交接条件、交接范围、制订具体实施方案。

(4)对所有设施设备的移交,交接双方应详细核查所移交设施设备的实际状态,并在相关移交文件中详细记录描述,对于交接过程中产生的具体问题,由双方协商解决。

4.1.4 “三权”移交的组织架构和内容

为更好地组织和开展新线“三权”接管的各项工作,运营单位要成立“三权”接管领导小组,下设接管办公室。“三权”接管组织架构如图4-2所示。

“三权”移交的主要内容:对轨行区的行车调度指挥权;对全线供电系统和全线环控系统的监控权与指挥权;城市轨道交通所辖所有系统、设施设备的使用权;轨道交通运营所需区域的属地管理权。按照属地管理可分为车辆段、控制指挥中心、主变电站、车站与区间等工程交接,按照系统设备可分为土建设施、车辆和车辆段设备以及轨道、信号、接触网、供电,通信、自动化监控、自动售检票、屏蔽门、电扶梯、大机电等系统设备交接。

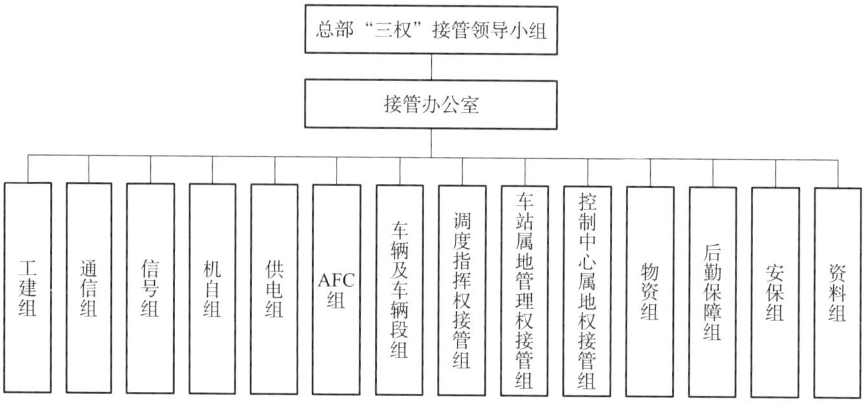

图 4-2 “三权”接管组织架构

4.2 “三权”移交工作流程

4.2.1 编制“三权”接管方案

“三权”接管即运营主管部门从建设管理部门接收调度指挥权、设备使用权、属地管理权。接管是涉及运营和建设多单位、多专业、多部门、多人员、多站点的复杂系统工程，其组织和管理要求高，关键是针对所接管站点的具体特点，编制可控、有序、可操作的接管方案，按方案组织接管。

根据城市轨道交通小而全的特点，其新线工程“三权”接管主要分为车辆段、控制指挥中心、主变电站、车站与区间等工程的接管，针对上述工程应该编制不同的“三权”接管方案，考虑到新线系统设备和车辆设备的接管特性，还需要编制系统设备与车辆设备接管方案。

虽然前面所述不同的工程其接管组织方法和重点会有所不同，但是归结起来，接管方案均主要包含以下几方面内容：

1. 方案编制依据

(1)新线相关设计文件。主要为接管中对接管设备所达到的功能和单系统调试情况进行核实，或对接管工程进行工程质量核实，以确认是否具备接管条件。

(2)新线工程建设工期策划。主要对系统设备或接管工程工期进行核查，确认是否完成相关验收程序以具备移交条件。

(3)运营筹备工作计划。主要检查运营单位相关部门是否按照编制的筹备计划完成阶段工作，满足新线工程和系统设备接管后开展综合联调演练工作的要求。

2. 方案要点

(1)接管范围。包括开展接管工作的时间安排，进行系统设备移交和工程属地移交的地点，移交的工程范围和系统设备范围。

(2)接管组织机构与人员安排。明确接管过程中建设与运营双方对应的组织机构、人员安排，除了设置领导小组进行全面组织和协调外，还需要设置对应系统的专业接管组和以使用或管理部门为主的综合业务接管组，以满足不同专业和业务接管的要求。

(3)接管的主要内容。对所需接管的设备设施数量与位置进行清点、现场状态进行核实及相关备品备件移交就位,建设与运营双方各接管组按规范要求进行凭证签证。

主要移交凭证参见表4-1~表4-3。

表4-1 设备移交表

系统名称: 线别:

序号	合同单价号	合同编号	概算代码	供货渠道	名称	规格型号	计量单位	竣工数量	安装(存放)地点	接管部门复核		备注
										接收人	复核人	

承包商(或采购服务商)经办: 驻地监理: 项目部经理: 接管负责人:
第__页,共__页

表4-2 房屋及建筑物移交表

工程类别: 线别:

序号	概算代码	名称	计量单位	竣工工程规模	安装(存放)地点	接管部门复核		备注
						接收人	复核人	

承包商经办: 驻地监理: 项目部经理: 接管负责人:
第__页,共__页

表4-3 专用工具器具移交表

系统名称: 线别:

序号	合同单价号	合同编号	概算代码	供货渠道	名称	规格型号	计量单位	存放地点	接管部门复核		备注
									接收人	复核人	

承包商(或采购服务商)经办: 驻地监理: 项目部经理: 接管负责人:
第__页,共__页

4.2.2 全面检查开通前验收情况

工程验收往往分为不同等级,如分项验收、分部验收、子单位验收、单位验收、竣工验收。无论采用何种划分方法,均应针对不同设备设施系统设定一个标志性验收级次,只有达到这个标志性验收级次才具备新线移交运营的条件。

由于运营单位在"三权"接管后,马上要进行系统设备的联调和功能检验与完善,并按设定的运行图进行行车演练及相关安全性演练,所以,运营接管前应核实各系统设备设施是否已经完成所有的施工、安装和单体调试、系统内调试、系统间联合调试,土建、桥隧内设施是否已经通过竣工验收前所有等级的验收,车辆已经按照设计要求提供足够数量的列车并完成初验收,经过所有测试具备上线运行条件,以及针对不同城市轨道交通设计标准进行相应的前提条件核查。

接管时运营单位应该有目的、有计划、有标准、有组织地对所有设备设施的验收情况进行全面、整体核查,核查其是否达到接管标志性验收等级,核查设备设施硬件(含硬件)是否已经完全具备一旦接管即可立即进行调度、行车、维修、站务等运营性实际运作的整体条件。

4.2.3 交接准备工作

1. 交接前总体工作

(1)各专业交接组结合总体方案,及时研究制订本组移交、接管工作方案。

(2)各相关专业交接组统筹协调施工单位、监理单位、设计单位等,填写、准备交接所需技术材料,并组织设备厂家完成待接管区域内相关设备设施的操作及维修培训;技术准备工作完成后,由交接组移交方,向接管方发工作联系单,进行交接告知。

(3)档案资料组、合同商务组在实体交接前,提前组织开展相关技术资料等的建设、运营交接工作,以便于实体交接核对;资产移交组中交、接方提前组织开展合同内备品备件、工器具等的建设、运营交接工作。

(4)各专业交接组结合工程进度实际,提前确定“三权”交接具体时间、交接范围及交接内容等事项;并根据交接前的工程进展及时召开交接碰头会,布置接管工作内容、确定交接各项细节、明确注意事项,并形成会议纪要。

2. 外单位施工组织

(1)各相关交接组应于交接前确定交接后仍需在运营接管区域内进行施工的单位和人员名单及相关资料,并组织施工单位提报接管后第一周施工计划。

(2)交接前应组织承包商、施工单位、监理统一与××××有限公司签订安全协议,完成外单位施工负责人、施工责任人取证及外单位施工进场作业办理工作。

3. 现场危险源辨识

交接前,各交接专业组对交接区域进行现场安全检查,检查内容包括施工遗留、设施设备安全隐患等,完成危险源辨识,完成后开展交接工作。

4.2.4 运营接管具体工作流程

“三权”交接应根据建设进度和运营筹备实际情况按专业系统、标段分批实施,在满足“三权”交接基本条件下可先期进行,其中“三权”可一项(如只进行属地管理权交接)或多项(如同时进行属地管理权和调度指挥权交接)进行交接。交接的各相关方应相互协商并在确认交接条件后,签署“三权交接备忘录”,建设移交部门应对备忘录中记录的未完工程和遗留问题限期处理。若交接过程中,涉及安全与重大质量问题,运营单位有权暂缓接管。

地铁建设工程具备交接条件后,建设移交部门向接管部门开展交接工作,具体交接流程如下:

(1)建设移交部门向验收交接委员会提报“三权”移交申请。

(2)验收交接委员会批准三权移交申请后,在预留 30 天作为三权移交工作筹备时间的基础上,确定“三权”移交的具体日期。

(3)建设移交部门组织接管部门召开交接工作准备会。

(4)建设移交部门于正式移交前20日,将移交清单提交至接管部门审核。

(5)建设移交部门依据接管部门审核的反馈意见,修改工程移交清单。

(6)建设移交部门牵头组织交接工作小组按交接清单现场验交。

(7)建设移交部门组织召开交接工作总结会,对存在问题制订整改方案,确定整改完成时间。

4.2.5　组织接管新线管理权、指挥权、使用权

“三权”接管的核心是按照接管方案有组织的逐点逐步接管,实现最终全面不间断、无间歇、有序、可控的交接,防止交接期间形成新线管理的“真空”和接管后的混乱。因此,运营单位“三权”接管要做好以下组织步骤:

(1)按照运营新线筹备工作计划安排,对接管后即需运用的调度管理与运作、行车组织与运作、车站管理与运作、施工管理与运作、维修管理与运作、事故抢险与运作等相关主体规章制度、方案和预案等,完成编制、发布,并组织运营单位相关人员学习和掌握。

(2)对接管后需要继续进入新线作业的相关施工方、临管人员、供货商等,提前组织完成相关培训,使其掌握运营有关规章制度并办理相关手续。

(3)根据设定的组织架构和岗位设置,由运营单位负责配置调度、行车、维修、站务、后勤与保卫等各种人员,在接管时同步到位、到站、到点,并开始值班和开展运作。

(4)根据运营新线筹备相关子计划安排,由运营单位负责配置的各种物资材料,工器具,备品,备件等在接管时同步到位、到站、到点。

(5)由建设单位负责移交给运营单位的系统设备、车辆设备、相关设施、建筑物房门钥匙、物资材料、工器具、备品、备件等,在接管时应同步进行实物交接,按竣工验收的要求办完交接手续,接收到位、到站、到点。

(6)按照编制的新线“三权”接管方案,在约定的时间无间隙地完成“三权”接管手续并发布“三权”接管令,运营单位一旦接管新线,则立即全面严格按照运营相关规章制度进行新线管理与运作。

4.3　运营接管的管理和内容

4.3.1　运营接管的管理

无论哪项工程或设备接管都需要加强以下几方面的管理:

(1)编制的接管方案中需确定一个行政或业务上级人员负责接管现场整体协调、联络、指挥。

(2)对接管人员的组织应该合理考虑以行政组织为基础,建立由主体专业或设备设施维修管理部门牵头负责、相关部门派人参加的专业性接管项目组织(如对房建设施,由其维修部门牵头,用房部门参加),辅以建立由主要功能的用户部门牵头负责、相关部门派人参加的业务性接管项目组织(如对仓储、道路、绿化,由其今后使用管理部门牵头负责,仓储设备设施、道路维修等部门参加),同时授权项目组长在接管期间具有对所有人员的调配权,未经其同意,任何部门不得调人、换人。

(3)方案中要明确运营单位具体接管的项目组长与建设单位对口交接的负责人,控制指挥中心需要特别明确运营单位接管调度指挥的负责人,主变电站需要明确运营单位具体接管供变电专业的负责人,车站则要明确对应车站的站长为属地管理负责人。

(4)提前将接管通知发至相关单位部门,并在接管地显著地点张贴。

(5)统一“三权”接收时间,严格按方案实施接管,对于控制指挥中心和区间接管要特别重视行车调度指挥权的交接时间,对于主变电站的接管则要重视电力调度指挥权的交接时间,车站的接管则要重视属地管理权的交接时间。

(6)注重对接管地和接管设备设施安全、消防、保卫的接管,同步落实安防措施、责任人和进驻时间。

(7)实施接管前,运营单位应当与当地公安派出所取得联系,取得对城轨属地外围治安的联防共管。运营单位一旦对新线接管,则立即对接管地全面、严格按照运营相关规章制度进行管理,防止交接阶段治安、消防事件及设备事故的发生。

4.3.2 运营接管的内容

1. 车辆段接管

车辆段主要是进行城市轨道交通车辆等设备检修及相关岗位人员工作的基地,涉及的专业设备设施多而全,几乎涵盖了轨道交通工程所有的专业设备设施,如车辆、轨道、接触网、供变电、信号、通信、建筑与装修、给水、排水、照明、低压配电、电梯、消防、道路、屏蔽门、仓储、技防、后勤、检修专用设备设施等。因此,对车辆段的接管需要车辆维修、设备设施维修、调度、保卫、安全、后勤、仓管等不同专业与岗位的人员。

车辆段的接管重点是做好组织工作,全面、合理地进行专业接管组与业务接管组的划分。其接管的基本条件如下:

(1)场内线路。

① 场内轨道铺设完毕,车场线、试车线及道岔须经过捣固、压道,线路、道岔的轨道状态达到作业验收标准,并通过预验收,线路、行车标志齐全,线路无侵限,具备电动客车和工程车辆行车条件。

② 试车线围栏设施齐全,具备80 km/h和全封闭行车条件。

③ 库内登车梯及股道护栏安装到位。

(2)建筑。

① 需交接的场内建筑已经过工程相关验收,停车库具备停车条件。

② 需交接的管理或生活用房具备通风、通电、通水、通网等基本生活与办公条件,消防设备安装、配备满足基本消防要求,食堂、浴室、厕所等可以部分投入使用。

③ 检修平台的围栏等基本设施完备,具备车辆检修使用功能。

(3)信号。

场内信号设备安装完毕,联锁调试基本完成,已取得安全认证。实现电操道岔,可以交付使用。

(4)通信。

公务电话、无线系统、监控系统开通可以使用,无线手持台信号全覆盖。

(5)供电。

场内牵引、降压变电所完成受电，接触网受电并完成冷滑和热滑，可以投入使用，电客车能够凭自身动力安全进出月检库。

（6）安保。

场内围墙完好，可以封闭，出入口具备安保人员执勤条件（必须具备可以锁闭的门），整个生产作业场所对外处于全封闭（如有内河等处须设立栅栏或围墙进行隔离，保持全封闭状态）。所有涉及安全的遗留项目，均应制订安全整改措施。

2. 控制指挥中心与主变电站接管

控制指挥中心是以调度指挥为中心的管理区域，主要涉及信号、环控与电力监控等专业设备，以及通信、建筑与装修、给水、排水、照明、低压配电、电梯、消防、道路、围蔽等后勤辅助设施，考虑到该中心功能的特殊性，其核心接管内容为调度指挥权的交接以及控制调度指挥相关专业的设备设施接管，而接管人员的组织应该考虑以调度指挥组织为基础，建立由主体设备设施维修管理部门牵头负责，相关部门派人参加的专业性接管项目组织。

主变电站是以供变电专业为主导的管理区域，主要涉及供变电等专业设备，以及通信、建筑与装修、给水、排水、照明、低压配电、消防、道路、围蔽等后勤辅助设施。接管人员的组织应该考虑以供变电专业组织为基础，建立由主体设备设施维修管理部门牵头负责，相关部门派人参加的专业性接管项目组织。其接管的基本条件如下：

（1）控制中心。

① 建筑。已经过相关验收，装修基本完成，建筑结构封闭。需交接的管理或生活用房具备通风、通电、通水、通网等基本生活与办公条件，消防设备安装、配备满足基本消防要求，厕所可以使用。大厅空气质量检测达标，系统无异常噪声。

② 通信。调度集中电话、公务电话、无线对讲设备、上级电力调度专线电话、市话、网络等可以投入使用。业务通信具备录音功能。

③ 其他设备。设备系统基本达到设计功能，ATS、SCADA、FAS、BAS、CCTV、AFC、ISCS等系统可以开通使用。设备系统操作数据具备存储条件。

④ 安保。出入口具备安保人员执勤条件，控制中心大厅及附属用房能正常使用，房间门锁钥匙已配齐。所有涉及安全的遗留项目，均已制订安全整改措施。

（2）主变电所。

① 建筑。变电所建筑结构封闭，装修基本结束，至少有1处大门具备进出条件。需交接的管理或生活用房具备通风、通电、通水、通网等基本生活与办公条件，消防设备安装、配备满足基本消防要求，厕所可以使用。

② 设备。变电所设备已安装完成，调试基本结束，已通过正式验收，完成受电并通过带电运行72 h验证。消防设备可以投入使用。

③ 通信。至少提供1门市话。

④ 安保。变电所门窗可以封闭（如有庭院，庭院围墙完好，大门可以封闭），具备执勤条件。

3. 车站、正线接管

车站与区间是轨道交通最直接地为乘客服务的区域，主要涉及直接服务于乘客的建筑装修、导向与服务设施、通风空调、低压配电与室内照明、消防、自动扶梯等，以及服务与运营的通信、信号、车站给排水、区间排水和区间排风系统等。

考虑到车站主要承担服务乘客的任务，车站与区间的接管除了对相关专业进行正常接管外，还需要重视属地管理权的接管。其接管的基本条件如下：

(1)车站。

① 建筑。车站装修基本完成，至少2处出入口具备进出条件。车站结构封闭，出入口可以关闭。需交接的管理或生活用房具备通风、通电、通水、通网等基本生活与办公条件，消防设备安装、配备满足基本消防要求，厕所可以使用。

② 供电。降压变电所完成受电。

③ 设备。车站设备安装和调试基本结束，通风和管理区域空调设备可以使用。垂直电梯、冷水机组、电扶梯、行吊等特种设备通过市质量技术监督局验收。

④ 通信。公务电话、市话、无线系统开通可以使用。

(2)区间正线。

① 线路。全线轨道应敷设完成，无侵限，线路、行车标识齐全，车挡完好，具备电动客车和工程车辆行车条件，已全部通过工程正式验收。

② 接触网。接触网工程施工全部完成，并已经过冷滑和热滑，已通过工程正式验收并已完成受电。

4. 系统设备和车辆设备接管

城市轨道交通系统设备主要有轨道、信号、接触网、通信、自动监控等，由于系统设备从布局和功能上具有不可分割的权限系统性特点，因此，系统设备要单独交接，而不在车站等相关工程接管中交接。

由于运营单位在完成新线“三权”接管后，要马上开展综合联调演练工作，系统设备的接管要求在清点数量的同时对系统进行功能检测。只有在设备完成安装完成并通过调试达到系统功能和相关接口功能的条件下才能进行该设备的“三权”接管工作。

车辆是城市轨道交通运营中最直接面对乘客的设备，车辆的安全运行是对其接管的最重要条件。每辆车在出厂验收(PSI)运到现场并完成到货检查后需要开展系统功能调试和例行试验(包括车载信号，通信等相关功能试验)，以及不少于200 km的运行考核试验，车辆完成以上调试和试验后，才具备上线运行条件，由运营单位对该具备上线运行条件的车辆签发预验收证书(provisional acceptance certificate，PAC)并正式接管使用。

5. 特殊情况下的接管

我国城市轨道交通正在快速发展，因城市规划需要，势必形成建设工期紧张的局面，而相关专业工程实际进度往往先后不一、动态变化，运营单位如果按照正常移交条件，对新线进行整体的“三权”接管，则可能发生在接管后的筹备时间非常短，而开通试运营前必须进行的综合联调演练以及行车带动的设备联调和人员实操培训不能按需要全面开展，使整体管理、掌握的幅度和难度更大、更集中。特别是同时整体验收、接管长而多的线路时，矛盾更为突出。因此，运营单位可以考虑分段、分站点、分区域进行验收接管。其关键是运营单位与建设单位达成试运营开通目标的统一，协商建设工期安排，合理分段、分站点、分区域的验收和接管新线，以分解矛盾和化解整体验收接管的紧张状态。

所谓分段、分站点、分区域的验收和接管，即在线路部分区段、站点能开展区域性联调演练的前提下，分时间阶段验收和接管其设备使用权、调度指挥权、管理权。

其核心要点是：分时间阶段、分站点或分区域；对试运营开通准备切实充分，调度人员、车站人员、司乘人员、维修人员在先期接管的范围,能尽早开展实际运作和熟悉设备、环境,及时发现和解决问题;建设与运营间管理接口有清晰可控的明文界定。

复习思考题

1. 运营接管的工作原则是什么?
2. 运营接管的主要前提条件是什么?
3. 运营接管的具体工作流程包括哪些?
4. 运营单位的“三权”接管工作要做好哪些步骤?
5. “三权”移交的主要内容包括哪些?
6. 车站、正线运营接管的具体措施包括哪些内容?

第5章 开通试运营

学习目标

1. 了解试运营组织方案相关依据和工作内容;
2. 熟悉试运营到正式运营的相关环节和过程;
3. 掌握试运营阶段的工作内容;
4. 熟悉建设期间相关遗留问题的解决路径。

5.1 开通试运营组织方案

开通试运营(初期运营)组织方案是城市轨道新线全线开通运营组织工作的基本办法,旨在保障新线开通筹备工作稳定、有序推进,确保新线开通后运营安全有序、优质、高效地为乘客服务。

开通试运营组织方案主要以乘客需求和运营管理为中心,依据工程设计、建设文件以及筹备前期针对开通试运营组织所开展的一些专题研究成果,在总体原则的指导下,从行车组织、客运组织、票务组织、维修组织、车辆组织、安全管理等方面对开通日和开通后的试运营进行全面、系统、科学地筹划安排,指导、规范运营人员的组织、管理及操作行为,确保运营服务质量。

5.1.1 编制开通试运营组织方案的依据

依法依规是建设和管理城市轨道交通的基本要求。

1. 设计文件

设计文件主要包括"工程可行性报告"和"初步设计"。

参考这两份文件主要起三方面作用:一是使开通试运营组织方案整体上符合设计文件的理念、基本要求;二是使开通试运营组织方案中该线路的运营功能定位与设计文件保持一致性;三是便于检查建设(开通)策划文件与设计文件中运营服务设施、各设备系统在开通时所具备的功能上的差别。

2. 工程建设、开通的策划文件

工程建设、开通的策划文件主要包括"××线路工程建设策划报告"和"××线路开通策划报告"。

参考"××线路工程建设策划报告"的作用主要有:一是让运营筹备策划者具体了解该线

路工程建设的工期策划，使运营筹备部门合理地安排管理人员、技术人员及早地跟进土建、设备安装及调试、验收等各环节；二是让运营筹备策划者清晰地了解该线路工程建设上的难点，让运营筹备人员重点关注其进展，及早考虑接管时存在问题的应对方案。

参考“××线路开通策划报告”的作用主要有：一是让运营筹备策划者从总体上了解该线路开通的范围、服务水平，它是编制开通试运营组织原则的前提；二是让运营筹备策划者具体了解各系统设备在开通运营时所具备的功能，这是编制开通试运营组织方案中开通试运营条件的重要参考依据；三是有助于运营筹备人员确立各项专题研究课题，对开通线路的新设备、新问题的运营应对方案进行立项。

3. 运营管理需求的相关文件

运营管理需求的相关文件主要包括“××线路开通运输组织原则”和“城市轨道交通运输规划”等。

参考“××线路开通运输组织原则”的作用主要有：在明确的运输组织原则的基础上，指导新线运营组织方案的编制，使方案能紧密围绕组织原则层层分解，明确行车组织、票务组织、客运服务、设备保障和安全管理等运营组织主要环节的组织方案。

参考“城市轨道交通运输规划”的作用主要有：使新开通的线路的运营服务时间、行车间隔等主要运营服务水平指标符合线网运输规划的总体要求，并结合设备不断完善的计划，稳步提升新线开通的运服务水平。如开通线路为城市首条轨道交通线路，可以依据国家相关规定、参考邻近城市的标准来确定运营服务水平。

5.1.2　开通试运营组织方案的主要内容

开通试运营组织方案依据运营管理需求对运营管理的对象进行逐一描述，主要包括方案概述、编制依据、开通试运营条件、组织原则，行车、客运、票务、施工及维修组织方案，运营安全管理方案等。运营各部门必须严格按照集中领导、统一指挥的原则，紧密配合、协调动作，按照本方案相关的组织要求，结合新线线路、设备等实际技术特点，进行深入研究，制订各专业、各工种的运作手册和实施保障措施，确保新线各项运营组织工作顺利进行。

1. 方案概述

作为方案的文头，在方案的开头对开通试运营组织方案内容进行总体概念性描述。

2. 编制依据

列出编制时引用的各类依据，并明确其版本号或文号，使编制小组、评审专家和使用者清楚本方案的背景和要求。

3. 开通试运营条件

编写开通试运营组织方案时，首先需明确所开通线路的基础设备设施的基本情况和开通时各系统设备所达到的基本功能，并结合运营服务水平的需要，进一步提出开通时系统设备争取达到的条件。

(1)线路概况。

主要描述提供运营的线路基本情况，包括线路长度、走向，各车站名称站位设置（分别是地下站、地面站或高架站），最小曲线半径、线路允许速度，线路站场布置及主要特点，线路、信号布置示意图。

(2)开通试运营必须达到的基本条件。

① 线路各车站、区间及各系统完成由轨道交通企业验交委员会组织的满足策划开通条件的阶段验收,工程的"三权"移交运营部门。开通前通过市政府有关部门的验收。

② 线路通过政府有关部门的卫生、防疫以及消防验收。

③ 新开通的线路、变电站、接触网/轨、信号、通信、低压配电、给排水、消防和 FAS、EMCS、气体灭火、环控系统、扶梯及液压电梯、屏蔽门等行车技术设备功能正常,能投入使用。

④ 车辆、车辆段/停车场及控制中心正式投用。

⑤ 运营人员招聘、培训工作全部结束,各岗位人员全部到位,相关规章完成编制、下发和学习。

(3)新线开通系统设备争取达到的条件。

为提高新线开通的运营服务水平,扩大运输能力,对行车关键设备,如运营客车供车数、信号、供电和机电设备的自动控制功能提出争取达到的"最高"条件,希望建设单位和供货商通过努力实现。

(4)开通线路运营服务水平的确定。

结合开通试运营时各系统设备所提出的基本功能条件、客流预测和市政府对新线开通试运营的要求,依照国家有关城市轨道交通试运营基本条件的相关标准规定、对新开通线路运营服务水平的指引,通过组织对各种可能的方案比选,确定开通运营服务的水平,主要包括运营服务时间、行车间隔和运输能力等。

4. 运营组织原则

在明确开通的基本条件和运营服务水平的情况下,需要确定运营组织原则,达到为乘客提供安全、准点、舒适、便利的交通的运营目标。

运营组织原则主要包括行车组织原则、调度指挥原则、列车运行模式和行车主要技术设备使用管理原则等,该组织原则是明确运营组织管理的基本原则,是指导编制"行车组织规则"和开通后开展运营工作管理的依据。

(1)行车组织原则。

主要包括以下内容:

① 运营行车组织工作,必须坚持安全生产的方针,贯彻高度集中、统一指挥、逐级负责的原则。

② "运营时刻表"是行车组织工作的基础,凡与列车运行有关的各部门都必须根据"运营时刻表"的规定组织本部门的工作。

③ 运营行车组织采用双线单方向运行、右侧行车。在一条线路上,往北(两个终点站的比较)为上行,反之为下行,环线按右侧行车外环为上行、内环为下行,城际地铁/轻轨以开往市中心方向为上行,反之为下行。

④ 行车组织指挥在正常情况下以中央自动监控为主,故障情况下由中央调度员下放控制权到车站,实行站级控制。

⑤ 明确开通试运营的正点率、运行图兑现率指标,以高标准、高要求不断提升运营服务水平。

⑥ 客车、工程车原则上停放在车辆段/停车场,运营客车均从车辆段/停车场进出。

(2)调度指挥原则。

主要包括以下内容:

① 明确运营调度指挥机构。

② 确定运营调度指挥层级及主要流程。

③ 对调度指挥原则进行规定，如调度首、末班车，列车运行调整，加开、停运车次和组织降级运营等工作作出具体规定。

(3)列车运行模式。

主要包括以下内容：

① 列车车次的规定。对客车、救援列车和工程车及调试列车的车次进行明确，其中客车车次要与信号系统的车次保持一致性。

② 列车运行模式。客车按正方向双线单向右侧行车，当开通单线运营时，根据该线路的《行规》确定上下行方向。

③ 客车驾驶模式。客车驾驶模式有非限制人工驾驶、限制人工驾驶和自动驾驶三种。正常情况下正线客车均采用自动驾驶模式，明确司机使用各种驾驶模式的授权要求。

④ 明确客车停站的规定和首、尾班车管理的要求。

(4)行车主要技术设备使用管理原则。

在方案中需要对信号、通信、供电、环控、屏蔽门等主要行车技术设备的使用管理原则进行明确，主要包括技术设备正常、故障和应急等不同情况下的使用管理原则。

5. 行车组织方案

行车组织方案不但是运营组织方案的主要组成部分，而且在运营组织方案中起到龙头作用，即保障乘车服务的载体——列车的安全、有序运行，同时还约束相关行车技术设备和运营人员必须围绕行车组织开展一环扣一环的工作，发挥运输联动机的作用。

行车组织方案主要包括列车运行图技术参数、正常情况下运行组织和非正常情况下的列车运行组织安排等方面。

(1)列车运行图技术参数。

主要由以下参数组成：

① 区间运行时间，根据既定的运行速度计算区间运行时间的最小值。

② 折返时间，指列车在折返线路运行和司机换端操作的时间。

③ 停站时间。

④ 不能同时发接列车的间隔时间。

⑤ 最小运行周期。

⑥ 旅行速度和技术速度。

①～④ 项的参数值要考虑留有 10% 的余量。

(2)正常情况下运行组织。

主要包括以下内容：

① 运营交路安排。综合线路条件和供车条件，通过对不同运营交路方案的比选，确定开通初期行车组织交路设置。对于新开通运营的线路，宜采用简单、有效的运营交路。

② 运营服务时间安排。开通试运营初期，运营服务时间需要根据实际情况确定一个固定服务时间；磨合期过后，运营服务时间将尽可能考虑与线网运营相匹配。

③ 车辆供车计划及交车安排。提供状态良好、符合上线条件的客车数量。

④ 运营前设备检查、人员准备的相关规定。

⑤ “运营时刻表”安排。明确采用的“运营时刻表”(版本号)和运输能力。

⑥ 司机的作业规定。如驾驶模式，停站、折返及进、出车辆段/停车场的要求。

⑦ 备用车停放位置及数量。

⑧ 运营客车晚点的调整及报点的规定。

(3)非正常情况下运行组织。

主要包括以下内容：

① 明确非正常情况下运行组织处理原则。如必须贯彻"先通后复"的故障处理原则，在保证安全的前提下，尽可能地维持最大限度的运营服务。

② 信号故障降级运行模式。如行车组织办法、运行速度等规定。

③ 车辆故障救援组织。编写"×号线列车故障处理指南"，指导司机排除列车故障，当司机(包括经车辆检修调度电话指导司机)处理后仍无法恢复运行时，需实施列车救援的组织办法。

④ 供电、通信、线路、屏蔽门等主要行车相关设备故障处理方案。

(4)主要行车指标。

各城市轨道交通运营单位要对主要行车指标运行图兑现率、列车正点率进行统计分析，落实整改，并在试运行最后1个月满足国家相关试运营基本条件评审的指标要求。

6. 工程车运输组织方案

工程车主要承担的任务是为维修施工运输设备、材料，在接管后或开通前，还可以协助运送接管物资。为规范工程车的行车管理，更好地为设备设施的检修施工服务，必须编制工程车运输组织方案。工程车运输组织方案主要包括：

(1)工程车开行计划的规定。

(2)工程车运行组织，如在车辆段/停车场、正线的运行规定。

(3)工程车作业规定。

(4)工程车装卸及运行要求。

7. 行车设备维修施工组织方案

城市轨道交通运营组织的特点是：运营服务时间所有设备、工作人员必须全力确保运营安全、有序，设备的维修保养时间只能安排在晚上非运营时间进行，通过晚上有限的维修保养时间为运营服务提供可靠的设备质量，这也是运营管理的难点。加上新线开通初期，系统设备还存在整改、尾工和功能调试完善等工作量较大的现象，施工需求与工时、空间的矛盾更显突出，更需要安全、科学、高效的施工组织管理方案，建立、完善行车设备维修施工管理体系。

行车设备维修施工组织方案主要包括：

(1)施工管理架构、施工计划管理、施工进场作业令、施工组织等管理规定。

(2)施工作业时间的规定。

(3)施工安全管理。

(4)列车、信号调试或试验要求。

(5)运营时间内特殊情况的施工规定。

(6)巡道方案，明确正线、车辆段/停车场线路的巡道安排。

8. 客运组织方案

客运组织是运营服务的关键所在，它直接影响到运营服务水平。车站是提供运营服务的另一重要载体,为确保客运服务水平,就要先从明确车站的组织管理着手,对车站范围内主要为乘客服务的场所,如站厅(台)和出入口通道等明确管理标准,同时为有效地指导车站,需要对典型车站及换乘站的客运组织方案进行专项研究,确定其正常和大客流及特殊情况下的客运组织方案。

客运组织方案主要包括车站运作、客运组织、站厅(台)和出入口及通道管理、典型车站及换乘组织方案。

(1)车站运作。确定车站的管理架构、岗位设置及定员。

(2)客运组织。明确车站客运组织原则,客流组织及特殊情况下的客运组织。

(3)站厅(台)和出入口及通道管理。明确车站出入口及通道管理原则,如开、关站时间,明确车站紧急出入口。

(4)典型车站及换乘站客运组织方案。根据车站结构特点和客流分布情况分别编写典型车站客流组织方案、换乘站的换乘组织方案。

9. 乘务组织方案

要确保列车安全、有序运行,必须依靠有效的乘务组织作保障,通过乘务组织方案规范客车和工程车司机的管理,如乘务班组的安排,客车出(入)车辆段/停车场、正线运行模式、站台作业、折返作业相关规定,工程车运行相关规定和车辆段/停车场行车运作的规定。

乘务组织方案主要包括客车运行、工程车运行和车辆段/停车场运作的定岗定员和组织管理。

10. 票务组织方案

票务组织同样是运营组织的主要组成部分,它不但直接关系到乘客服务质量,而且影响到运营票务收益安全。在政府明确票务政策后,就必须研究和制订车票管理、票务收入结算模式和审核方案,以及特殊情况下的票务应急处理方案和票务收益安全管理等内容,为下一步编制票务管理手册及早明确原则和思路。

票务组织方案主要包括票务政策、正常情况下的票务组织方案、特殊情况下的票务应急处理方案及票务收益安全管理。

(1)票务政策。

票价遵照市政府批准的票价政策执行,明确车票使用和乘客事务的相关原则。

(2)正常情况下的票务组织方案。

主要有车票管理、车站票务运作(票务服务、乘客事务的处理、钱箱清点模式、车站兑零模式)、车站售票员的结算模式、车站票款的解行方式及备用金运作方式,明确车站票务管理原则和工作流程,直接指导和管理车站票务工作。

(3)特殊情况下的票务应急处理方案。

列车故障、信号故障或突发事件影响列车服务时的票务应急处理规定,使其在发生故障而延误的情况下,指导车站票务工作,有效降低由于设备设施故障或突发事件发生对乘客服务带来的影响。

(4)票务收益安全管理。

票务收益安全管理模式,如日常票务审核及特殊票务事件处理。

11. 维修组织方案

明确维修组织原则,针对新开线路的设备特点,严格落实“三定、四化、记名修”的作业检修规定，规范管理，服从大局，重视技术研究，不断提高管理水平、技术水平，最终达到确保行车安全、设备安全、人身安全的目的。维修组织方案主要包括维修组织原则、维修模式、维修管理、设备运行值班与巡检及设备抢修组织五方面。

（1）维修组织原则。

以牢固树立"安全第一，质量为本"为维修组织指导思想，一手狠抓安全管理，一手狠抓设备质量。

（2）维修模式。

明确维修组织架构和维修组织方式、设备日常维护和检修规程以及设备故障处理和抢修程序等，从维修组织调度、技术、安全和综合（物资、后勤）四方面进行明确。

研究自我维修和委外维修的划分原则，在保质期到来之前明确轨道交通设备设施的维修组织方案。对关键设备的核心部分应考虑培养自我维修的力量，如直接影响到轨道交通行车安全的核心设备；而社会维修力量强、竞争环境成熟的设备、部件的维修模式，可以考虑实施委外维修。委外维修管理的关键是设备主管部门如何实施对委外维修的设备修程、设备运行质量表现等关键环节进行有效监管，因此，在确定需要实施委外维修的同时，需要同步开展对委外维修进行管理的专题研究，避免"以包代管"现象的发生。

（3）维修管理。

包括维修计划组织、施工作业的组织管理、设备故障情况的管理、日常生产管理，"三定、四化、记名修"的作业检修规定。

（4）设备运行值班与巡检。

明确采用驻守值班还是巡检制或采用两者相结合的形式。

（5）设备抢修组织。

包括根据线路、设备的实际情况编写各专业设备抢修预案（含抢修工具的配备标准和放置地点），明确各专业的应急抢修点；全线开通前组织抢修应急演练；抢修物料管理。

（6）明确设备运行质量指标。

试运行最后1个月，各城市轨道交通运营单位要对主要系统设备可靠性指标进行统计，包括对车辆、信号、供电、屏蔽门等系统故障进行统计分析，及时完成整改，以满足国家相关试运营基本条件评审的指标要求。

12. 车辆组织方案

车辆组织方案紧密围绕"保供车、供好车"的方针，加强与车辆供货商的沟通联系，积极参与车辆的监造工作，配合对到货列车的接车、调试、验收，加强检修管理，完善应急预案，确保到位列车在全线开通时能正常上线运营。车辆组织方案主要包括车辆的保障、检修管理和应急预案三方面。

（1）车辆的保障。

配合对到货列车的接车、调试、验收，确保到位列车在全线开通时能保质、保量上线运营。

（2）检修管理。

完成车辆相关检修技术标准或文件的修订、补充、完善，对有关维修班组进行检修技能提升培训；根据实际的供车情况，及时调整生产计划，在全线开通前完成达到修程的车辆年检任务，确保交付运用的列车质量状态良好。

(3)应急预案。

针对各自不同的车型、地理环境和不同的救援器材,完成对新开通线路安全预案的编写、修订、完善,并于开通前组织实施应急演练,确保救援人员熟练操作救援器材,掌握安全预案实施流程。

(4)明确车辆设备运行质量指标。

试运行最后 1 个月,车辆故障率应低于 1.2 次/(万列·km)。

13. 运营安全管理方案

城市轨道交通是一台超级联动机,其行业特点是安全风险高,尤其是新开通运营的初期,要确保开通后安全运营,就必须建立健全安全生产管理机制,制定行车、客运、消防和综治等安全生产措施,明确安全培训、教育制度,制定安全应急预案并实施演练,才能夯实安全基础工作。

运营安全管理方案主要包括:安全工作要点,运营接管、开通各阶段安全工作措施,安全应急预案和保卫综治方案四方面。

(1)运营安全管理工作要点。

① 切实落实安全生产责任制,强化各部门责任人的岗位意识、责任意识、纪律意识,并采取签订责任状等形式,将安全责任层层分解,落实到部门、落实到班组、落实到每个员工。

② 突出抓好重点,新线安全以行车安全为核心,以设备安全为保障,以电气防火为基础,突出抓好车辆、接触网/轨、信号等设备的巡视、检测,针对新线新设备的投入使用,加强设备自检、互检、他检,提供良好的设备保障。

③ 抓紧建章立制,狠抓规章制度的落实和持续改进,提高规范化、制度化、专业化管理水平。

④ 积极开展安全生产宣传、教育,重点进行全员安全生产思想教育、安全知识教育、安全技能教育,加强一线作业人员的安全教育培训。

⑤ 结合现场深入开展有针对性的专业技能培训,抓好员工"应知应会"培训,重点是操作能力。

⑥ 结合新线实际情况,制定"××线开通运营安全要点",从验收质量与安全关、交接与运营接管后的安全关、设备调试关、开通前安全评估的质量关、投入运行前的检查关、运营中的安全关这六大安全关键环节即"六关"入手,来编制安全要点。

⑦ 利用职业健康安全管理体系的管理思路和方法,在新线范围内进行危险源识别、风险评价与控制工作。

(2)各阶段重点安全措施。

明确现场跟踪、设备验收、设备交接、设备调试与演练、开通前安全评估和开通运营等不同阶段的安全管理措施。

(3)完善安全应急预案。

结合新开通线路和技术设备的特点,必要时需补充完善应急预案,并组织好全员培训,安全应急演练。

(4)保卫综治方案。

① 采取驻站守护和巡查相结合的方式,组织做好新开通线路车站设备设施及附属设备设施的安全守护和综合治理安全保卫工作。

② 按“属地管理，分级负责”的原则，共同做好保卫综治工作。

③ 技术防范措施。针对新开通线路各车站的情况，采用现代管理手段，如采用视频监控方案，从技术上做好安全防范工作。

④ 利用社会力量，与当地派出所和居（村）委会开展联防群治的综合治理工作。定期与当地派出所、居（村）委会沟通联系，了解治安情况和当地综治工作动向，共同做好沿线的保卫综治工作。

5.1.3 开通日运营组织工作方案

为确保开通日的运营有序、可控，需要编制新线开通当天的运营组织方案，主要从人员、列车和服务安排上进行描述，把运营服务的各环节和运营筹备工作的文本、方案或预案有机连接起来，本方案涉及运营各岗位的技术管理和运作的具体要求，会引用企业发布的规章文本、方案或预案内容。

1. 开通日运营组织工作方案的作用

通过对开通日运营组织中人员、行车和服务进行提前部署安排，把运营服务的各环节和运营管理的文本、方案或预案有机连接起来，从而保证开通及运营组织工作安全、有序、可控。

2. 开通日运营组织工作方案的主要内容

（1）方案概述。对开通日运营组织方案的要点进行提炼。

（2）组织领导。明确开通日运营领导小组名单，各部门和关键岗位的值班人员。

（3）客流预测。科学合理地对开通日的进站、换乘客流进行预测，为当天的行车组织、运力安排、票务及人员准备等提供决策依据。

（4）行车组织。结合客流预测，合理安排行车时间和运力投入计划，确保开通日的运营服务工作安全、有序。主要从行车设施、备品准备，列车出厂安排和投入服务安排，列车运营组织，列车回车厂组织四方面进行描述。

（5）客运组织安排。结合客流预测和行车组织及车站服务设备设施的情况，合理做好客运组织安排和人员准备。主要从客运服务设施的准备、重点（换乘）车站的客运组织安排、其他新开通车站的客运组织安排三方面进行描述。

（6）票务组织安排。结合客流预测和售检票系统的功能情况，提出票务组织方案。主要从车票配送、售检票系统升级（如新线开通影响到既有线路的售检票系统或其他与之衔接线路的无障碍换乘等需要升级时）两方面进行描述。

（7）设备保障。为确保开通日运营服务的安全、快捷，对运营行车设备、服务设备设施的维修保障提出具体要求。主要从车辆与供电、信号、售检票、屏蔽门等机电设备安全运行保障和抢修抢险准备两方面进行描述。

（8）安全保卫。主要对运营安全管理、消防保卫工作提出具体要求，从行车、消防安全管理，车站、车辆段/停车场保卫和乘客安全服务保障工作等方面进行描述。

（9）如开通当天安排有开通典礼仪式，还必须编写开通接待工作方案的章节，以明确接待等级、行车安排、服务标准、安全保卫和综合后勤保障等工作的要求。

（10）涉及运营各岗位的技术管理和运作的具体要求，按运营单位发布的规章、方案或预案的具体要求执行。

5.2 试运营管理

新线开通试运营筹备到位，且通过开通前评估后，运营单位就可以按照开通的服务水平组织对外试运营服务。

线路一旦对外开通试运营服务，城市轨道交通的经营管理就开始向百年商业运营延伸，这就意味着运营单位的管理工作开始了日复一日的运作。要保证为乘客提供快速、安全、准时、舒适、便利的服务和维持设备安全、可靠地运行，运营单位任重道远。因此，必须紧紧围绕着服务乘客这一宗旨，重点抓好建章立制、员工队伍建设、设备质量和运营服务水平的提升等方面工作。

5.2.1 试运营组织管理

按照开通试运营组织方案的要求，在试运营管理全过程中，贯彻运营组织原则，认真组织实施行车、客运、票务、施工及维修组织方案、运营安全管理等内容，试运营组织管理工作就可以做到安全、有序、可控。

开通试运营组织方案包括了日常运营管理的方方面面，在具体工作中，贯彻管理者的领导思想，紧密围绕运营工作目标，实现轨道交通运营服务承诺。通过逐一落实试运营组织方案，通过安全、高效的行车组织、客运和票务组织，为乘客提供安全、优质的轨道交通运营服务；通过对各系统设备有效的维修组织管理、全员安全和质量管理，为乘客服务提供支持与保障；通过培育一支思想过硬、作风过硬、技术过硬的员工队伍，为轨道交通运营管理提供人力资源保障。

运输计划是轨道交通试运营组织管理的龙头，前瞻性地制订运输计划能有效地指导试运营组织管理工作的开展。通过运输计划明确每季(阶段)的运营服务时间、行车间隔、上线及备用车数，客运组织、票务组织措施，维修配套策略、安全保卫配套策略和人力资源配套策略，把运营的大联动机制有机地组织协调并有规律地运行，促使试运营管理早日走上正轨。

轨道交通试运营期间的管理，在按照新线开通试运营组织方案实施的基础上，还要注意设备功能整治、运营管理优化及试运营工作分析总结等方面的组织管理工作。

5.2.2 设备整治及设备质量评估

前面提到，设备质量是运营服务优质、可靠的根本，而设备功能和安全可靠是通过高水平的安装、调试和维护保养实现的。由于轨道交通建设通常受拆迁、地质条件和施工环境的影响，政府和市民对轨道交通早日建成开通的热切盼望，各系统设备的安装、调试周期往往不足，这给运营管理部门接管后带来更多的是设备的问题。因此，设备接管后，运营部门首先要组织运营维修技术人员，必要时可以借助供货商的技术力量，全面开展设备功能普查及存在的问题的整治工作。

1. 设备功能普查及问题整治的目的

全面开展设备功能普查及存在问题的整治，其目的一是使运营设备维修人员全面掌握设备现状，加深对设备结构、功能的了解；二是使设备维修人员积累更多的现场工作经验，更好地培养技术、检修人员；三是及时发现供货商和设备安装调试单位的“隐蔽工程”，尽早提出整改要求。

2. 全面开展查线核图工作

全面开展查线核图工作，能使设备维修人员对设备做到心中有数，为确保设备安全可靠地运行打下坚实基础；能有效地使设备维修人员加深对设备结构、功能的了解，达到培养技术、检修人员的目的；能发现潜在问题、安全隐患，通过查核、整治把事故苗头消灭在萌芽状态。要编制"查线核图工作方案"，明确组织架构、查核内容、时间安排和总结及存在问题的跟进等方面的安排和要求。例如：

通信、信号系统的查核内容主要包括：查现场各机柜型号、安装位置、配线是否与设计图纸相符，核对电源系统设备型号、现场安装位置、编号等是否与设计图纸相符，供电现场接线是否与图纸相符。

变电系统的查核内容主要包括：核对变压器、整流机组、直流开关柜、GIS 开关柜等设备（含二次）现场安装位置等是否与竣工图一致，接线是否正确；断路器、隔离开关、母线、进（馈）线、联络开关等编号是否与供电主接线图相符；相关设备、部件的型号、技术参数是否与竣工图一致，控制范围、保护设置、各联锁条件等是否正确。

FAS 系统的查核内容主要包括：核对 FAS 系统设备型号、现场安装位置、编号及系统设备接线等是否与设计图纸相符，技术参数是否满足规范及标准要求；现场设备是否与控制盘中文描述一致，是否与图形中心位置一致，接线是否规范、牢固，是否已经穿镀锌钢管并涂防火漆；核对 FAS 系统设备功能等是否达到设计要求，是否符合消防规范和火灾自动报警系统设计及验收规范。

3. 设备稳定性和可靠性检验

为进一步检验新接管的机电设备稳定性和可靠性，经过上一步全面的查线核图工作后，必须有计划有步骤地组织实施机电设备满负荷运行，考验设备在满负荷工况下的稳定性和可靠性，检查各机电系统的接口在满负荷工况下协调性是否满足设计、运营服务的要求，加快新设备的磨合；同时安排好维修、技术人员值班，按对外运营服务的标准值班、检修、处理故障或抢险、抢修。

4. 设备存在问题的整治

通过全面开展查线核图工作，发现设备存在问题时，首先进行分类，分列设备故障、工程质量两类，并按其安全性、紧迫性从高到低排列。

属设备故障、检修范围的，由设备维修部门落实解决；属工程质量问题的，通过建设单位责成施工单位整改。发现的所有问题必须列出整改计划，明确责任单位（人）、完成时间和检查验收人。

设备安全问题必须优先解决，安全问题没有得到根本整治，该设备不得使用。

5. 工程质量遗留问题整改

城市轨道交通是复杂而庞大的系统工程，由于系统设备种类繁多，基本上来自不同的供货商，设备安装调试单位也各不相同，施工现场条件有限，加上点多线长，增大了监管难度，"隐蔽工程"较难被发现。在验收接管时，特别在查线核图工作中，发现工程质量遗留问题必须整改，特别是要通过设计变更等手段才能满足系统功能完善或使用要求的项目，需要经过一段时间才能完成整改，使系统设备达到设计功能，更好地为运营服务。

首先，对属于工程质量的问题进行分类整理。通过对属于工程质量的问题进行分类整理，按安全、服务质量和其他三类问题，依重要性和紧迫性进行从高到低的次序排列。

其次，明确整改原则。工程质量问题的整改原则是：影响安全的问题优先解决，服务质量的问题重点解决，其他问题分期分批解决。

再次，加强对工程质量问题整改的监控。对工程质量问题整改的监控，主要是利用工作控制表，即列出各类问题的整改时间表，主要包括存在问题、解决办法、时间进度控制、责任单位、检查监督单位、备注等。在组织领导上，可以成立整改工作小组，主要由运营单位、建设单位和设计单位等组成，通过工作小组对各整改项目进行监督、控制，对技术难题进行分析、研究，必要时可咨询专家的意见。

最后，对工程质量遗留问题进行验收。工程质量遗留问题的验收工作由建设单位牵头组织实施。

6. 采用量化的评估体系实时掌握设备管理水平及设备质量优劣

设备质量的好坏直接关系到运营质量的好坏，因此设备质量管理显得极为重要，而设备质量评估作为设备管理的重要环节，其重要性也就不言而喻了。传统的设备运行质量评价，就是简单地统计各专业故障总数，这种做法有很大的局限性。现代运营中运用模型建立一种科学可量化的设备质量衡量标准，运营单位可逐步积累相关统计数据，综合考虑运营列次、运营里程、客运量、设备数量对设备运行质量的影响，利用评估模型综合计算得出指数化的数据呈现设备质量运行情况，同时通过模型找出设备质量中的薄弱环节，从而有针对性地采取质量控制改进措施，提高设备运行质量水平。

模型建立后，可每月对线路、专业进行一次评估，评估结果在生产安全例会上通报或通过“技术质量月报”发至各单位，组织责任单位整改，根据评估结果变化趋势，确定每年开展设备整治的重点范围，提升设备质量，同时可作为设备管理年度绩效的参考指标。

5.2.3　运营管理架构和运营组织方案的进一步优化研究及应用

如果是第一条接管开通的运营线路，有必要对运营管理架构、指标考核体系和生产管理流程等方面进行评估和优化研究，不断总结提高和完善。

1. 运营管理架构

空载试运行和开通试运营一段时间的运作管理，检验了原设计的运营管理架构是否适应实际运营服务管理的需要，对新成立和运作的运营管理架构优化和完善主要包括以下三个方面：组织架构在试运营管理的适应情况，管理职能的组合和优化，工作流程的优化、调整。

2. 运营指标考核体系的确定

要加强对安全、质量、经营和全面预算指标的管理，建立考核评价体系，促进运营管理水平的提高。内容主要包括：

(1)行车、设备、消防安全与综合治理的指标体系及奖惩办法。行车、设备运行质量的指标主要有：列车正点率、运行图兑现率、系统设备可靠性等。

(2)全面预算指标体系及管理办法。对业务预算、资本预算、筹资预算和财务预算等基础性预算类别中的业务预算进行管理，业务预算主要为生产指标(如行车、设备质量及服务指标)和成本费用指标(如收入、成本)两部分，建立对应的全面预算管理办法。

(3)考评体系的建立与完善。主要建立运营绩效指标体系，制订运营绩效指标体系的管理办法。

3. 生产管理流程适应性的评估和优化

主要对生产管理流程中的指挥体系、接口管理和应急响应三个方面进行适应性评价和优化,内容包括:

(1)调度指挥体系的顺畅与高效性。

(2)设备设施管理和维修接口划分的合理性、高效性评估及调整。

(3)设备设施的故障修复、抢险抢修响应机制的现状和改进意见。

5.2.4 试运营期间的运营组织工作分析总结与完善

在完善设备运行质量的同时,总结和完善运营组织管理工作更需要制度化和规范化。对照《城市轨道交通运营管理办法》的有关规定和要求,一方面要抓好建章立制,另一方面要善于总结运营管理的经验和教训,真正做到向管理要效益。首先,要建立运营分析制度、设备质量管理制度、安全管理制度等;其次,明确责任部门,实行分工负责制;最后,运用 PDCA 管理原理,定期对制度的执行情况和效果进行总结和改善,以不断提升运营服务水平。

1. 运营分析

运营分析主要是对运营的安全、服务和行车指标、设备和员工的表现、管理的绩效进行专题分析,总结出好的经验和做法,找出存在问题并制定整改措施,帮助运营人员提高运营管理水平。

为促进运营管理水平的提高,运营分析所包含的内容主要有安全质量指标,行车、服务指标,设备表现(故障)情况,非运营时间的设备检修施工开展情况,员工业务技能,规章的适用性。行车、设备运行质量及安全指标主要对照拟定的指标值,并采用逐步提升的方式,促进运营管理早日走上正轨。

鉴于试运营初期处于人员、设备的磨合期,运营分析必须及时、有效、针对性强,因此,应该采用日、周、月为周期的运营分析。

2. 设备质量管理

设备质量不但是运营服务质量的保证,也是运营管理水平的根本体现,因此,设备质量管理要结合设备的特点,运用科学的管理方法,牢固树立"安全第一,质量为本"的维修组织指导思想,实施全员质量管理。

(1)收集设备运行信息。

(2)建立每台设备的状态信息,利用计算机应用技术进行记录、分类统计和定性定量分析,并进行趋势预测。

(3)结合设备检修规范,把计划修与状态修有机结合。

(4)实行"三定、四化、记名修"的维修管理方式,全面推行岗位质量责任制。

(5)重视技术研究,组织开展技术攻关,不但解决设备运行质量问题,而且培养和锻炼专业技术人员,为轨道交通运营事业的可持续发展打下坚实基础。

3. 安全管理

在建立健全安全生产管理机制,制定行车、客运、消防和综治等安全生产措施,明确安全培训教育制度后,关键是组织实施,实行全员安全管理,才能保证轨道交通运营长治久安。

(1)引入职业健康安全管理体系(occupational health and safety management series,OHSAS),在安全管理工具的帮助下开展安全管理工作。在接管开通前进行危险源评价的基础上,结合开通前运营演练和开通初期的运营安全表现情况，对危险源进行再评估，不断补充完善危险源及其控制预防措施。

(2)及时跟进试运营中员工操作、设备质量和规章上反映的各类问题，采用PDCA法进行循环跟进管理。

(3)采用实作演练与突击演练相结合的办法，提高员工应急应变处理能力。

(4)组织开展多种形式的安全管理活动，调动员工参与安全管理的积极性和创造性。

(5)定期开展安全绩效评估，不断提高安全自我管理能力。

4. 运营管理专题研究

结合前文的运营质量分析、设备质量管理和安全管理过程中发现的共性问题，运营单位应组织技术、管理人员，必要时可以外委，开展运营管理模式的专题研究，如生产管理模式、行车组织模式、设备维修模式、物资管理模式、安全管理模式等，有针对性地解决在试运营管理中遇到的难题，不断优化和完善运营管理的方式方法，并前瞻性地分析研究近期运营组织管理的问题，促进运营管理水平迈上新台阶。

5.2.5 全自动运行线路试运营管理要求

在满足上述轨道交通试运营管理要求外，全自动运行线路的运营管理还应关注以下要求：

(1)运营单位已建立健全适应于全自动运行的组织架构、运营管理机制和规章制度体系，能够保障各部门职责明确、分工合理、衔接紧密、高效运转。

(2)全自动运行系统开通时的运行模式已满足线路条件、设备系统功能。

(3)规章制度体系能完全适应于不同运行模式下的运营场景，并明确FAM以及降级情况下各岗位人员的职责与处置流程。

(4)全自动运行系统符合国家规定的运营准入技术条件，具备互联互通、兼容共享的条件，满足网络化运营需要。

(5)已根据《轨道交通 自动化的城市轨道交通(AUGT) 安全要求 第1部分:总则》GB/T 32588.1—2016)的相关要求进行全自动运行线路的风险评估，并制订具有针对性的安全保障措施。

(6)全自动运行系统在非全自动运行时段或降级情况下的运营要求能符合《城市轨道交通运营管理规范》(GB/T 30012—2013)和《城市轨道交通工程项目规范》(GB 55033—2022)的相关规定。

(7)列车服务可靠度高于200万车·km/次，车辆、信号、通信、综合监控、供电、站台门等影响列车运行的设备故障率及可靠度应与之相匹配。

(8)运营单位要关注全自动运行系统的FAM降级事件的发生频次指标。

(9)设施设备维护管理架构、管理制度、人员结构及技能水平能满足全自动运行系统的设备自动化、系统集约化、运行高效化、维护专业化的需求。

(10)应基于全自动运行线路运营场景与运营需求合理设置岗位，结合全自动运行的列车值守模式配置车站运行控制、列车运行控制、乘客服务调度、列车监控调度等岗位人员，明确岗位职责和技能要求，编制各岗位作业指导书。

(11)各专业岗位人员应经过系统岗位培训，持证上岗，涉及特种作业要求的人员应参加专业培训，并取得相关部门颁发的特种作业操作证或特种设备作业人员证。对于车站运行控制、列车运行控制、乘客服务调度、列车监控调度等符合岗位人员要完全符合线路符合人员培训、考核和取证条件，保证该类人员的技能要求完全达标。

复习思考题

1. 开通试运营的目的和意义是什么？
2. 开通试运营必须达到哪些基本条件？
3. 查线核图工作中发现设备存在问题如何整治？
4. 如果你是值班站长，在试运营期间该如何进行车站设备管理？
5. 全自动运行线路试运营管理要求都有哪些？

参考文献

[1] 何霖. 城市轨道交通运营筹备与组织[M]. 北京:中国劳动社会保障出版社,2009.

[2] 祁国俊. 西安地铁的运营筹备管理[J]. 城市轨道交通研究,2011,14(7):19-22.

[3] 周东北. 深圳地铁一期工程运营筹备经验浅谈[J]. 现代城市轨道交通,2008(5):67-68.

[4] 刘建刚. 地铁新线建设运营筹备跟进的一般性流程及管理思路浅析[A]//中国城市科学研究会数字城市专业委员会轨道交通学组,天津轨道交通集团有限公司,中城科数(北京)智慧城市规划设计研究中心. 第四届全国智慧城市与轨道交通学术会议暨轨道交通学组年会论文集[C]. 天津市地下铁道运营有限公司,2017.

[5] 赖奎. 地铁新线运营筹备管理[J]. 山东工业技术,2017(21):240.

[6] 中华人民共和国住房和城乡建设部. 城市轨道交通建设项目管理规范:GB 50722—2011[S]. 北京:中国建筑工业出版社,2012.

[7] 中华人民共和国国家质量监督检验检疫总局,中国国家标准化管理委员会. 城市轨道交通试运营基本条件:GB 30013—2013[S]. 北京:中国标准出版社,2014.

[8] 张文正,张志亚,袁江,等. 我国近期新政策对城市轨道交通规划、设计和报批的影响[J]. 城市轨道交通研究,2022,25(8):7-13.

[9] 何雄. 城市轨道交通空载试运行解析及优化措施[J]. 城市轨道交通研究,2016,19(10):32-36.

[10] 董书芸. 城市轨道交通试运行的概念及其考核指标[J]. 都市快轨交通,2011,24(2):60-62.

[11] 周淮. 城市轨道交通运营安全的第三方评估[J]. 城市轨道交通研究,2022,25(7):6.